Produire vraiment sans gaspiller

Éditions d'Organisation
1, rue Thénard
75240 Paris Cedex 05
Consultez notre site
www.editions-organisation.com

© Éditions d'Organisation, 2002
ISBN : 2-7081-2798-5

Salim Bouzekouk

Produire vraiment sans gaspiller

Éditions
d'Organisation

SOMMAIRE

> **Première Partie** :
> Pour une conception cellulaire des systèmes de production

Table des figures

TERMINOLOGIE

Chaîne de valeur : Une chaîne de valeur est l'ensemble de toutes les actions (tant celles à valeur ajoutée que celles sans valeur ajoutée) nécessaires pour que le produit chemine à travers les flux essentiels à sa création : (1) le flux de la production de la matière première jusqu'aux produits que les clients ont en mains, et (2) le flux de conception du produit et des processus de production. En analysant la chaîne de valeur, il est possible d'identifier les activités qui ajoutent de la valeur au produit final et celles qui ajoutent du coût. De façon similaire, les activités dans la chaîne de valeur peuvent être divisées en deux catégories différentes. La première concerne les activités primaires ; elle inclut la logistique interne, comme la manipulation des matériaux ; les opérations, la logistique externe, comme la distribution ; le marketing et les ventes ; et le service après-vente. La seconde catégorie a trait aux activités de support ; elle inclut la gestion des ressources humaines, les infrastructures de l'entreprise et le développement de la technologie. Il est à noter que chaque activité primaire nécessite ses propres activités de support (JOINER, 1994).

Cinq S : 5S est l'abréviation de cinq termes japonais identifiant les principaux éléments de l'Usine Visuelle : Seiri (organisation des outils, des accessoires…), Seiton (propreté et déplacement des éléments non nécessaires de la zone de travail), Seiso (nettoyage, réparation et entretien), Seiketsu (standardisation et élimination des variations), Shitsuke (discipline et amélioration continue).

Conception des systèmes de production : Processus visant à déterminer les objectifs d'un système de production et à spécifier les solutions correspondantes quant aux éléments du système et à leurs interactions. Les éléments du système de production sont définis en tant que machines, outils, matériaux, opérateurs et information.

Conception produit : Processus qui vise à transformer les requis du client en des produits reproductibles qui y répondent.

Contrôle visuel : Permet à tous les intervenants dans l'usine de voir si la situation est normale ou pas, et le cas échéant d'identifier immédiatement les sources de perturbations et de les résoudre (HIROYUKI, 1987).

Cycle unitaire de la demande client : Représente le rythme de l'arrivée de la demande des clients (ROTHER et SHOOK, 1999). Ce cycle est obtenu en divisant le temps journalier disponible de production par le volume de produits demandé par jour. Par exemple, si un système de production peut opérer 540 minutes par jour (9 heures) et si le taux de la demande des clients avoisine 1000 produits par jour, alors le cycle unitaire de la demande client sera de 540 divisé par 1000, soit 32,4 secondes par unité. Ce cycle unitaire de la demande client est utilisé pour synchroniser le taux de la production à la demande des clients ; c'est un élément central dans les concepts affinés de production : c'est en fonction de ce rythme que sont calibrées les ressources du système de production afin d'améliorer en continu ce dernier. Ce cycle est aussi appelé « temps de takt ». Ce dernier terme est allemand et fait référence à l'instrumet utilisé par un maestro pour rythmer son orchestre.

Diagramme de flux de valeur : Document physique résultant de l'identification de toutes les actions nécessaires pour commander et produire le produit demandé par le client final. Ces actions sont classifiées en trois catégories différentes : (1) celles qui ajoutent de la valeur au produit ; (2) celles qui n'ajoutent pas de valeur mais qui sont nécessaires au développement du produit, au système de réponse aux commandes et au système de production (Muda de type 1 – voir Gaspillage) et qui ne peuvent pas être éliminées immédiatement, et (3) celles qui n'ajoutent pas de la valeur et ne sont pas nécessaires pour le produit (Muda de type 2) ; elles peuvent ainsi être éliminées (ROTHER et SHOOK, 1999).

Flux orienté processus : Ce flux a pour objet de transformer des dispositions fonctionnelles de machines dans l'usine en des séries de processus basées sur la production de familles distinctes de produits (HOPP et SPEARMAN, 1996). Les flux orientés processus sont généralement plus performants que les dispositions fonctionnelles traditionnelles. Cela tient à ce qu'ils réduisent les distances parcourues par les produits, les espaces nécessaires dans les usines ainsi que les cycles de production, faisant ainsi en sorte que la qualité soit améliorée. Ces flux permettent aussi une meilleure coopération entre les collaborateurs, les différentes stations étant situées à proximité les unes des autres (DUNCAN, 1996).

Flux de production équilibré : Toutes les opérations de production fonctionnent selon le même cycle. Un système de production équilibré implique que toutes les composantes du système soient conçues pour opérer au rythme de la demande du client, que l'on nomme cycle unitaire de la demande client.

Gaspillage : Le gaspillage ou « Muda » (terme japonais pour opportunités perdues) est l'utilisation non optimale des ressources tant humaines que financières, en matière d'espace, temps, information, etc. Toyota définit le gaspillage comme toute chose excédant l'équipement, les matériaux et le temps de travail minimaux nécessaires à la production. Les « sept gaspillages » identifiés sont les suivants (HAY, 1988) : surproduction (produire plus ou en avance) ; stocks (composants semi-transformés entre opérations) ; transport (celui des composants) ; traitement (étapes non nécessaires) ; production de défauts (composants qui nécessitent d'être retravaillés ou qui doivent être mis au rebut) ; mouvements (non nécessaires, d'opérateurs) ; attente (opérateurs attendant les machines ou les composants).

Impératifs de la conception des systèmes de production : Ce sont les objectifs clés du système et les caractéristiques du produit à créer qui doivent être pris en considération dans la conception du système de production. Les objectifs clés sont dérivés des requis des clients et des objectifs de l'entreprise.

Jidoka : Terme japonais qui signifie l'enrichissement des machines avec une intelligence semblable à celle des hommes. L'équipement est enrichi avec des systèmes d'arrêt automatique et des lumières et sonneries qui indiquent les défauts tout comme les opératieurs qui arrêtent la production dès qu'ils détectent des anomalies. Cette différence par rapport à des opérations entièrement automatisées est cruciale car des équipements purement automatiques peuvent produire de bons et de mauvais composants alors que le Jidoka empêche les produits défectueux de passer à l'opération avale, réduisant le gaspillage et améliorant la qualité de chaque processus de la chaîne.

Juste à temps (JAT) : Représente quatre requis : (1) produire au bon moment, (2) au bon rythme, (3) la bonne quantité, (4) avec une qualité parfaite.

Kaizen : Ce mot japonais signifie l'amélioration continue. Une stratégie d'amélioration continue est généralement implémentée au moyen d'améliorations par incréments qui conduisent à des changements positifs et significatifs avec le temps. Elle implique toute la hiérarchie, des cadres supérieurs aux superviseurs et opérateurs (IMAI, 1986).

Kanban : Ce terme japonais signifie « carte » ou encore étiquette visible. Il s'agit en réalité d'une approche de réapprovisionnement, reposant sur des quantités de stocks de taille fixe, et dont le suivi est effectué au moyen d'une étiquette. Le réapprovisionnement d'une quantité est déclenché à la dernière minute quand une quantité est consommée, ce qui a pour effet de libérer une étiquette. Cette dernière indique la quantité et le type du produit à réapprovisionner (KRAR, 1999).

Pull : Référence au lien qu'entretiennent deux sous-systèmes dans une chaîne d'approvisionnement. Le sous-système en amont ne produit pas tant qu'il n'a pas reçu le signal du sous-système en avale. Ce signal peut être sous la forme d'un certain niveau de stock intermédiaire entre les deux sous-systèmes. Quand le stock standard intermédiaire est sous ce niveau, cela indique qu'il faut produire. L'information progresse dans le sens inverse de celui des produits physiques. Le signal de production est ainsi envoyé aux stations qui se trouvent en amont par les stations en aval.

Push : Dans un système de type « push », les matériaux et l'information progressent dans la même direction à travers la chaîne d'approvisionnement. Par exemple, chaque station de travail pousse les pièces vers la station suivante sans considération de l'état de la demande et des stocks en aval. De façon typique, les activités de transformation et de production sont planifiées à un niveau central mais cette planification ne reflète pas la condition réelle du système en termes de stocks, de demande réelle, de l'état des machines... Ce type de planification ne permet donc pas un vrai contrôle du système de production (HOPP et SPEARMAN, 1996).

Six Sigma : Expression désignant un objectif de qualité. En des termes statistiques, « sigma » est une métrique qui reflète la performance du fonctionnement d'un processus donné, en décrivant l'écart des sorties du processus par rapport à une valeur cible. Les entreprises qui opèrent avec des processus dont la fiabilité atteint le Six sigma produisent moins de 3,4 pièces défectueuses par million de pièces produites.

Stratégie d'entreprise : Plan d'actions décidées par l'entreprise pour l'allocation des ressources afin d'atteindre un ensemble d'objectifs mesurables. Cette stratégie affecte l'ensemble des fonctions de l'entreprise, telles que la recherche et développement, la production, le marketing, les achats, les ressources humaines.

Stratégie de production : Plan d'actions décidées par l'entreprise pour créer ses produits supportant sa stratégie globale. Cette dernière peut prendre la forme d'une production interne des produits de l'entreprise, d'externalisation de la production, ou une combinaison des deux.

Temps de cycle : Temps requis pour produire une unité du produit par une machine, station, et/ou opérateur. Le cycle d'une machine ou d'une station est complètement différent du cycle unitaire de la demande client, ce dernier reflétant le rythme de la demande du client.

Valeur : Dans des termes généraux, elle peut être définie comme tout ce qui est utile ou perçu comme important par le propriétaire. Dans un produit, la valeur est une caractéristique de ce dernier qui est fournie au client au bon moment à un prix approprié, comme cela est défini par le client (HAY, 1988).

INTRODUCTION

Nombreux sont les consommateurs qui ont reproché aux Japonais leurs voitures à la conception banale, semblable, pour tout dire sans originalité. Un designer de BMW a même un jour affirmé : « Enlevez les logos d'une Toyota, d'une Nissan et d'une Honda, et vous serez incapable de les différencier. » Peu flatteur pour les Japonais, ce jugement était certainement vrai dans les années 1970 et 1980. Mais ce concepteur ignorait que ses homologues japonais travaillaient en proche collaboration avec leurs collègues de la production pour faire en sorte que les différents éléments de carrosserie prennent leurs formes définitives en moins de trois passages sous les matrices d'emboutissage, d'où les formes anguleuses des voitures japonaises de l'époque. L'objectif était de faire des économies sur le nombre de matrices nécessaires pour obtenir les éléments de carrosserie donnant au véhicule son aspect extérieur.

Pendant ce temps, certains constructeurs américains et européens produisaient des automobiles moins attractives en utilisant jusqu'à sept passages sous les matrices. On remarque des pratiques similaires aujourd'hui. Ainsi, Toyota utilise un seul logo pour tous ses modèles, de la petite citadine au gros camion, alors que Ford, qui a sensiblement la même gamme de véhicules, utilise 15 modèles différents de logos. Les consommateurs ne remarquent cependant presque jamais cette subtilité, Toyota faisant donc d'énormes économies en la matière. Ces exemples, parmi d'autres, montrent la philosophie qui sous-tend les méthodes japonaises, et pas uniquement dans le domaine de l'intégration des différentes fonctions de l'entreprise. En réalité, comme on le verra dans cet ouvrage, l'origine d'une telle conception est à rechercher dans la période qui a suivi la Seconde Guerre mondiale, alors que l'économie du Japon était dévastée et que les ressources de production étaient rares. Plus qu'aujourd'hui, l'objectif était d'atteindre une performance supérieure en employant un minimum de ressources, c'est-à-dire « sans gaspillage ».

Les pratiques de la « production sans gaspillage », explicitées dans cet ouvrage, furent développées sur une période de plusieurs décennies sous la forme de contre-mesures consécutives à la situation japonaise de l'après-guerre.

En outre, les changements effectués dans les régulations de travail nippones ont mis les syndicats dans une position de force. Par le biais de négociations, les travailleurs ont obtenu un ensemble de droits incluant la garantie du travail à vie. En échange, ils ont accepté la flexibilité des tâches de travail. Les ingénieurs de Toyota comprirent rapidement qu'à travers cet accord, les employés étaient devenus un coût fixe dont l'utilisation devait être maximisée. Ils entreprirent alors d'enrichir les compétences des travailleurs et de faire une meilleure utilisation de leurs connaissances et expériences en les impliquant de façon active dans l'amélioration du travail. Le kaizen, ou amélioration continue, était né.

Pendant les vingt dernières années, les concepteurs de systèmes de production occidentaux ont transformé des investissements substantiels en de nouveaux systèmes de production. Certains de ces systèmes ont été très médiatisés pour leur contribution à la productivité et à la flexibilité. Mais si certains ont fait les titres de plusieurs publications, bien d'autres ont échoué en n'atteignant pas leurs objectifs en termes de coûts et de performances. Les raisons de ces échecs sont nombreuses. En voici deux parmi les plus fréquentes :

1 - Ces systèmes occidentaux n'ont jamais été initiés par les entreprises elles-mêmes et n'ont donc jamais été conçus pour résoudre les problèmes particuliers des entreprises en question. En effet, même si les pratiques proposées paraissent au début avoir une valeur générale, avec de nombreuses applications, la généralisation à tous les systèmes de production est quasi impossible. De la construction d'avions chez Boeing à la production des microprocesseurs chez Intel, en passant par les automobiles chez Ford ou les cosmétiques chez l'Oréal, les différences dans la complexité, les volumes et les attentes des clients en termes de qualité, de prix et de délais de livraison deviennent rapidement très importantes et les soucis des producteurs varient forcément. De plus, plusieurs de ces concepts furent inventés au Japon, ce qui crée des barrières psychologiques quant à leur adoption par les producteurs américains et européens. Cela est particulièrement vrai avec les pratiques du « sans gaspillage », domaine dans lequel les entreprises occidentales ont longtemps été réticentes à apprendre quoi que ce soit de leurs homologues japonais.

2 - Une autre difficulté tient à l'absence de compréhension des objectifs assignés aux nouveaux outils et pratiques. Malgré l'importante augmentation des budgets pour la formation et l'éducation des dirigeants autour de ces nouveaux systèmes et concepts durant les vingt dernières années, de trop nombreux dirigeants et responsables de production comprennent mal les objectifs visés au travers des outils mis en place. Cela a entraîné des situations du type « zones de stockage juste à temps », entre autres exemples tout aussi dramatiques. Mais les personnes à blâmer ne sont certainement pas les formateurs ou les concepteurs de systèmes de production à l'intérieur de ces entreprises : les créateurs de ces pratiques portent aussi une part de responsabilité. Pendant plusieurs années, Toyota a reçu dans ses usines des visiteurs d'autres entreprises, dont certaines concurrentes, mais les ingénieurs de Toyota se gardaient bien de livrer leurs secrets. Pratiques et outils ont par conséquent été mis en place avec un minimum de compréhension et de conviction. Plusieurs concepts sont apparus parce que certaines entreprises les appliquaient en leur accordant quelque crédit. Les entreprises occidentales ont donc gaspillé une partie de leurs ressources adoptant à chaque fois les nouveaux concepts à la mode, que ce soit le Juste à temps, Six sigma ou le Total Quality Management, et ce sans aucune conviction profonde ou engagement.

Les producteurs occidentaux d'aujourd'hui sont en bien meilleure santé qu'au début des années 1980. L'Amérique n'a pas été réduite à son industrie cinématographique, pas plus que la France à son industrie alimentaire, et les Japonais n'ont pas conquis le monde comme cela avait été prédit il y a quelques décennies. Mieux encore, des études récentes ont montré que les écarts de qualité et de productivité entre les constructeurs japonais et leurs homologues occidentaux sont en constante baisse.

La qualité des produits industriels a très largement augmenté, allongeant la durée de vie des produits et rétrécissant d'autant le marché pour les nouveaux produits (marché de remplacement). De plus, des nouveaux processus de production couplés avec le développement des technologies de l'information et de l'Internet créeront bientôt des possibilités d'amélioration inimaginables par le passé. Ces développements signifient aussi la possibilité d'acquérir de nouveaux avantages compétitifs qui seront reflétés dans les parts de marché et les profits. Si l'amélioration de la production et l'optimisation des systèmes de production ne représentent qu'une partie de l'équation que pose ce nouveau défi, elles n'en sont pas moins primordiales pour les entreprises industrielles.

De plus, les autres fonctions de l'entreprise, telles que la recherche et développement, le marketing et la vente ainsi que les ressources humaines, ont un niveau d'intégration tel avec la fonction de production et entre elles que l'amélio-ration d'une de ces fonctions sans les autres n'aura que des bénéfices limités sur la performance globale de l'entreprise. C'est la raison pour laquelle l'entreprise entière doit fonctionner comme un unique système intégré, maximisant ses résultats en termes de qualité, de ventes, de création de valeur pour les actionnaires, de bien-être pour les employés, etc., tout en consommant le minimum de ressources : une « entreprise sans gaspillage ».

L'intégration du concept d'entreprise sans gaspillage est un sujet tellement vaste et complexe qu'il pourrait faire l'objet d'un ouvrage à part entière. Ce n'est pas notre propos ici. Cet ouvrage s'intéresse avant tout à la conception des systèmes de production. Il s'agit d'un humble essai d'explication des méthodes japonaises et de leurs intérêts avec une approche logique et scientifique. Il entend simplement marquer une nouvelle étape dans l'innovation industrielle et la création de la valeur.

1. Que trouve-t-on dans la littérature sur la conception des systèmes de production ?

On trouve relativement peu d'ouvrages qui couvrent les aspects techniques et organisationnels de la conception des systèmes de production. *Gestion de production* (1995) de Courtois, *La Gestion de la production* (1998) de Benassy, *Les Systèmes de production* (1989) de Gilles Rodde, tout à fait accessibles, fournissent une bonne introduction au sujet et permettent de mieux appréhender les différentes notions de la production. D'autres ouvrages, tout autant intéressants, sont surtout dédiés à un aspect de la production. Dans *Objectif Six sigma* (2001), George Eckes explique l'application de la méthode Six sigma pour réduire, et même supprimer, le risque d'échec qu'encourent toutes sortes de processus au sein de l'entreprise, et tout particulièrement le système de production. De manière similaire, Daniel Duret et Maurice Pillet expliquent dans *Qualité en production* (2001) les méthodes et les étapes indispensables pour la mise en place des modèles de qualité ainsi que les outils nécessaires pour la mesure et le suivi de la qualité. Le *Juste à temps* (1997) de Claude Marty et *Ordonnancement et gestion de la production* (1991) de Pierre Lamy étudient les problèmes relatifs au pilotage de la production et à l'ordonnancement des activités et des tâches au sein du système de production. D'autres ouvrages, tels que *La Production par les flux ? Configurer les processus industriels autour des besoins clients* (1999) de Hervé Grua et Jean-Michel Ségonzac et *Maîtriser les flux industriels: Les outils d'analyse* (1998) de Raymond et Stéphanie Biteau, s'intéressent à l'analyse des flux industriels et à l'étude de la problématique du temps dans le flux physique et celui de l'information. D'autres ouvrages encore, qui ne seront pas cités ici, traitent divers aspects de la production, tels que les ressources humaines, l'amélioration continue, la gestion des connaissances ou la stratégie industrielle.

Un des maillons manquants dans la plupart des approches de la production reste cependant l'aspect global et intégré des systèmes de production. L'amélioration d'une facette de la production, telle que la qualité ou la gestion des ressources humaines, n'implique pas celle, globale et significative, du système entier. Cet ouvrage présente cet avantage qu'il propose une approche globale de la fonction de production dans l'entreprise.

Par ailleurs, certains ouvrages de production décrivent des outils susceptibles d'apporter quelque amélioration sans pour autant expliciter les objectifs et impératifs sous-jacents. Ces outils sont conseillés parce qu'ils sont généralement perçus comme bénéfiques. Grâce à une méthode de décomposition logique, cet ouvrage veut faire le lien entre les objectifs et impératifs d'une entreprise de production et les solutions opérationnelles dans les usines. En résumé, le « comment » de la production est enfin lié au « pourquoi » de l'entreprise industrielle.

L'ouvrage explique également d'une manière logique et scientifique, étayée par des exemples, ce qui conditionne l'architecture actuelle des systèmes de production. L'ouvrage montre que les objectifs et mesures de performance de la production jouent un rôle critique dans la conception des systèmes de production et conclut à de nouveaux indicateurs de performances pour pouvoir atteindre tous les objectifs stratégiques de la production.

Enfin, loin d'être un simple récit théorique, l'ouvrage propose un plan de mise en œuvre en douze étapes visant d'abord à stabiliser le système de production, puis à l'améliorer. Cette approche repose sur un constat : rien ne sert de porter des améliorations à des systèmes de production instables ou inadaptés. L'application de ce plan contribuera à la réalisation des objectifs stratégiques de la production, tels que la qualité, les coûts, les délais, la détection et la correction rapide des perturbations.

Cet ouvrage s'adresse aux dirigeants, cadres et employés désireux de comprendre la fonction de production, que ce soit là le domaine d'activité principal de leurs entreprises ou un simple département parmi d'autres. Il est plus particulièrement destiné aux ingénieurs de production, aux directeurs d'usines, aux chefs d'ateliers, ainsi qu'à tous les étudiants des grandes écoles et universités de la filière production, soucieux de comprendre et de profiter des méthodes de production du XXIe siècle.

2. Que trouvera-t-on dans ce livre ?

L'ouvrage est composé de deux parties et de huit chapitres. La première partie présente les raisons qui militent en faveur d'une conception cellulaire des systèmes de production.

Le chapitre premier est une introduction aux notions et à certains concepts de base, et présente un historique de l'évolution des systèmes de production depuis la première révolution industrielle jusqu'à nos jours.

Le deuxième chapitre s'étend sur des concepts qui se sont imposés au cours de la période particulière des années 1980, période qui a vu l'invasion du monde occidental par des produits nippons moins chers et de meilleure qualité. Nous nous intéresserons en particulier aux méthodes des Japonais en analysant les concepts sous-jacents. Nous montrerons les objectifs réels que recèle chaque concept, et enfin comment la non-compréhension de ces objectifs peut entraîner l'échec de ces pratiques et conduire à des résultats inverses à ceux qui étaient attendus initialement.

Le troisième chapitre établit une comparaison entre deux systèmes de production. Au-delà des avantages qualitatifs que revêt un système utilisant des cellules liées par rapport à un système de production de masse, une comparaison chiffrée des performances de chaque système est détaillée, et ce au niveau de deux fonctions de production : la fabrication et l'assemblage.

Pourtant, même si les systèmes cellulaires présentent une performance supérieure aux systèmes classiques d'ateliers spécialisés, la plupart des usines sont aujourd'hui organisées en départements. Ce chapitre cherche à identifier le pourquoi de ce phénomène. Le problème est présenté sous la forme d'un exercice de conception d'un système de production qui démontre que l'architecture du système est déterminée en grande partie par l'ensemble des mesures des performances du système en question.

La deuxième partie présente la méthodologie de mise en œuvre.

Le cinquième chapitre explicite l'intérêt des systèmes en cellules liées en détaillant le rôle d'un des paramètres les plus importants dans la gestion des systèmes de production : le temps, et plus précisément le rythme et le cycle de la production.

Une fois l'intérêt des systèmes cellulaires explicité, le sixième chapitre introduit un cadre théorique pour penser les problèmes de production, permettant de générer des solutions en accord avec les principes du sans gaspillage. Ce cadre s'inscrit dans une approche scientifique décomposant les impératifs globaux et abstraits de la production en des objectifs intermédiaires, plus concrets et opérationnels. Des solutions pratiques et relativement faciles à mettre en œuvre dans les usines sont ensuite proposées ; elles sont accompagnées d'un plan de mise en place.

Le septième chapitre présente un cadre logique pour la conception de systèmes de production performants. Les principaux points sont organisés en six catégories différentes : la qualité, l'identification et la résolution rapide des problèmes de production, la réduction des délais, la prévisibilité des sorties, l'optimisation de la main-d'œuvre directe et, enfin, l'optimisation des ressources humaines indirectes.

Le huitième chapitre propose un plan pour la mise en œuvre des solutions développées dans le chapitre précédent. Le plan est organisé en douze étapes qui ont été conçues dans un souci de généralité et qui peuvent donc être appliquées, quasiment, à tous les systèmes de production. En pratique, l'application de ces douze étapes devra conduire à de véritables systèmes sans gaspillage, générateurs de compétitivité à l'échelle mondiale.

Enfin, l'ouvrage conclut avec un résumé des points étudiés et des recommandations pour les responsables de production, les aidant à discerner l'essentiel de la conception d'un système de production. Ce dernier point fait la démonstration qu'en dehors de tous les outils développés dans ce livre et ailleurs, un bon système de production est d'abord le fruit d'une réflexion préalable quant à ses objectifs. Il s'agit donc et avant tout d'une question de bon sens, thème qui sera abordé souvent dans cet ouvrage.

Première Partie

Pour une conception cellulaire des systèmes de production

CHAPITRE **1**

Les bases traditionnelles de la conception des systèmes de production

« Ford avait pris une décision dramatique dans son complexe Rouge. Il avait maintenu la ligne d'assemblage mais arrangé ses machines de fabrication dans des villages de processus. Il procéda à la mise en place d'une programmation poussée dans laquelle les fluctuations croissantes de la demande du client final et les perturbations persistantes dans les processus amont furent absorbées par de gros stocks chez les concessionnaires et des stocks similaires à tous les niveaux de la production en amont de l'assemblage. Ainsi la production à "flux" (comme Ford l'appela en 1914) est devenue "la production de masse". »

James Womack (*in* LIKER, 1997)

Quelle perspective dans ce chapitre ?

Ce chapitre est une introduction sommaire au contenu de notre ouvrage. Il sera montré, par une analyse historique de l'évolution des techniques de production au cours des deux derniers siècles, comment nous avons hérité des systèmes de production d'aujourd'hui. Les techniques développées au cours de l'histoire dépendent peu de la nature du produit sous-jacent, ce qui permet de générer des outils applicables à une bonne partie des problèmes de la production moderne. Cependant, ces mêmes techniques dépendent des volumes de la demande des produits en question, ce qui oblige le développement de nouveaux outils pour s'adapter aux nouvelles exigences des clients.

1. Les débuts de la conception des systèmes de production au plus juste

Beaucoup d'attention fut accordée aux nouveaux modèles japonais de production au cours des dernières années. Womack, Roos et Jones décrivirent, dans leur célèbre ouvrage (*La Machine qui a changé le monde, 1990*), comment les entreprises japonaises produisaient sans gaspillage de ressources, en fournissant le produit ou le service que les clients désirent au bon moment, au bon prix, au moindre investissement, avec une qualité parfaite et un délai commande-livraison minimal. Ces nouveaux modèles, qui sont apparus pour la première fois dans les usines de Toyota au Japon, sont connus sous la dénomination de *Lean Production* ou « production au plus juste » ou encore « production sans gaspillage »*. Il est impératif de noter que l'élimination du gaspillage et des ressources inutiles n'implique pas obligatoirement l'élimination de la main-d'œuvre. Quand General Motors essaya d'implémenter les principes de la production au plus juste, les syndicats pensèrent aussitôt que le personnel serait visé par leur application. Pourquoi les opérateurs dans les usines eurent-ils cette impression ? L'expression anglaise de la production au plus juste (*Lean Production*) peut expliquer leur sentiment. Après tout, les Occidentaux furent pendant des années les champions des licenciements et des plans sociaux, pourquoi donc en irait-il différemment cette fois-ci ? Certaines améliorations peuvent avoir pour conséquence une réduction de la main-d'œuvre directe, mais cette dernière n'est certainement pas le principal moyen pour mettre en place une production au plus juste. Cela n'est pas non plus la condition *sine qua non* de la compétitivité des usines actuelles.

La production au plus juste repose avant tout sur un ensemble d'idées parmi lesquelles on peut citer la qualité parfaite, la réduction du cycle de production, du cycle commande-livraison et des investissements, la livraison au bon moment, au bon prix, la minimisation des coûts de main-d'œuvre, etc. En réalité, la notion de production au plus juste n'est pas appréhendée par tous de la même façon et comporte des nuances qui demandent clarification. Pour certains, la production au plus juste représente un ensemble d'outils, comme le kanban et le flux tiré par exemple. Pour d'autres, elle signifie la mise en place de cellules de production. Enfin, pour d'autres encore, elle représente une usine visuelle ou même une production à la commande. Le défi consiste alors à pouvoir utiliser de manière structurée toutes ces idées qui tournent autour de cette notion de production au plus juste afin d'atteindre les objectifs commerciaux de la production.

---

* Dans le reste de l'ouvrage, les deux termes seront utilisés indifféremment.

En quelques mots La production au plus juste est une approche conceptuelle de systèmes de production, ayant pour objet la fourniture d'un bon cadre de prise de décision et de communication de plusieurs objectifs et solutions au sein d'une entreprise de production.

C'est là une condition primordiale si l'on ne veut pas que la conception de systèmes de production se limite à une simple expression de l'air du temps.

Le fait que la production au plus juste soit une approche conceptuelle de systèmes de production a plusieurs implications. Sa mise en place requiert des techniques de conception très précises pour pouvoir changer les modes de gestion, de comptabilité, d'ingénierie et d'achat. Ces départements doivent comprendre et intégrer les impératifs que doit satisfaire un système de production, mais aussi les solutions à mettre en œuvre pour y parvenir.

En quelques mots Les mots clés de cet ouvrage sont « Conception de Systèmes de Production ». Le but ultime de l'approche présentée est de fournir la méthodologie qui permette d'aller au-delà des meilleurs systèmes actuels en termes de performance, pour construire les systèmes de production de la prochaine génération.

2. L'influence décisive des changements dans la production

En quelques mots Cette section présente un historique des progrès et des révolutions dans l'ingénierie des systèmes de production de la fin du XVIIIe siècle jusqu'à l'apparition de la production au plus juste. Cette dernière nécessite une évolution dans les pensées et les philosophies dans les usines mais s'inscrit très naturellement dans la séquence de révolutions industrielles en Occident. Le modèle utilisé ici est fondé sur l'ouvrage de Thomas Kuhn, *The Structure of Scientific Revolutions* (1996), qui postule l'existence de trois phases dans toute révolution : une étape de crise, une étape de révolution avec des changements radicaux, et enfin une dernière étape de science « normale » que certains considèrent comme l'étape de la diffusion de la science.

2.1. La première révolution industrielle

La première révolution industrielle fut la conséquence d'une crise générée par les problèmes inhérents à la production manuelle. En effet, la demande augmentant, les capacités en matière de main-d'œuvre furent vite dépassées. C'est aux États-Unis, à la fin du XVIIIᵉ siècle, que la solution de sortie de crise a été trouvée. Elle doit beaucoup à un mandat du Congrès requérant que des composants interchangeables pour les fusils soient disponibles sur le terrain. La figure 1.1 illustre les trois étapes de la première révolution industrielle.

Période de crise	
1785	Thomas Jefferson propose au Congrès d'imposer des composants interchangeables pour tous les contrats d'armes.
1792	Eli Whitney invente l'égreneuse de coton.
1798	Eli Whitney signe un contrat pour 4000 fusils en un an et demi.
Période de révolution	
1801	Eli Whitney démontre l'interchangeabilité au Congrès.
1809	Eli Whitney délivre, avec huit années et demi de retard, des composants non interchangeables.
1811	John Hall fait breveter le fusil à obturateur.
1812	Roswell Lee devient directeur du dépôt d'armes de Springfield.
1815	Le Congrès ordonne au Département des achats d'exiger des composants interchangeables.
1819	Lee introduit les jauges d'inspection au dépôt d'armes de Springfield.
1822	John Hall annonce des succès à Harpers Ferry en utilisant un système de jauges pour mesurer les composants. Un rapport du gouvernement a fait éloge de ses efforts.
Période de science « normale »	
1825	Eli Whitney meurt.
1839	Samuel Colt et Eli Whitney Jr. remportent le contrat des fusils.
1845	Les pratiques de dépôt d'armes s'étendent aux entrepreneurs privés.
1860	Invention du micromètre de poche.

Figure 1.1 : La première révolution industrielle aux États-Unis

En 1798, Whitney obtint un contrat du Congrès pour produire quatre mille fusils à composants interchangeables dans un délai d'un an et demi. Cette interchangeabilité permettait de remplacer rapidement, sur les champs de batailles, les composants défectueux des fusils au lieu de changer des fusils entiers. Le but était d'alléger le poids des munitions transportées sur les champs de guerre et de réduire le coût de remplacement.

Dès le début, l'interchangeabilité de composants a constitué un défi majeur pour l'industrie de l'armement. Ce n'est qu'en 1822, suite aux travaux de John Hall, que ce problème trouva une première solution. L'innovation de Hall résidait dans la capacité de prendre des mesures sur les composants du produit à fabriquer. Au lieu d'essayer de produire des pièces pour une pièce maître, comme c'était le cas auparavant, un système de jauges et gabarits fut introduit pour mesurer les composants. En conséquence, les ingénieurs et concepteurs devaient être capables de concevoir les composants en respectant leurs dimensions géométriques et leurs tolérances. Le développement du dessin industriel et des systèmes de cotation a aussi résulté de ce travail de mesure des composants pour parvenir à leur interchangeabilité. Certains à l'époque jugèrent que cette dernière représentait un coût de fabrication supplémentaire et considérèrent qu'elle était inutile.

Attention L'interchangeabilité des composants fut en réalité un promoteur clé de la chaîne mobile d'assemblage qui allait apparaître lors de la deuxième révolution industrielle.

L'utilisation des jauges et gabarits de Hall pour réaliser l'interchangeabilité des composants fut ensuite adoptée à Middletown dans le Connecticut pour produire des composants interchangeables avec ceux produits à Harper's Ferry. Ainsi, un fusil pouvait être assemblé à partir de composants fabriqués par Harper's Ferry et d'autres composants fabriquées à Middletown. En 1845, cette pratique de dépôt d'armes s'est étendue aux entrepreneurs privés. Bientôt, la capacité à prendre des mesures s'était imposait partout dans le pays. En 1860, le micromètre de poche a été inventé, et cette science s'est diffusée partout dans le monde.

2.2. La deuxième révolution industrielle

La deuxième révolution industrielle allait consister dans le développement de la production de masse. Henry Ford raffina le concept d'économies d'échelle avec la production de masse. Ses outils de « production de masse » étaient la division extrême de la main-d'œuvre, les chaînes mobiles de production, le suivi des stocks pour contrôler leurs niveaux minimal et maximal, et le cycle d'assemblage constant qui résulte de l'interchangeabilité des composants. Plus tard, l'usine de Ford fit l'objet de toutes les attentions et le monde entier voulut savoir comment Henry Ford était capable de produire des volumes impressionnants pour son époque.

Dans leur ouvrage (1915) décrivant l'histoire de Ford depuis son enfance, Arnold et Faurote rendent compte de manière très détaillée du système de production de Ford. Ce dernier haïssait l'agriculture, occupation de son père, et aimait par-dessus tout la mécanique. Il est devenu apprenti dans un atelier de soudure et de fabrication, environnement qui lui permettra de comprendre plusieurs processus de production, y compris l'emboutissage. Ford fut à l'origine de plusieurs innovations aussi bien dans la conception de produits que dans la production industrielle. Il a développé le bloc moteur en une seule pièce. L'une des raisons du succès du modèle T tint dans son bloc moteur qui était constitué d'une pièce unique en fonte au lieu de quatre cylindres assemblés les uns aux autres. Cette innovation diminua le poids des véhicules et augmenta leur fiabilité ainsi que leur puissance. À la base de la production de masse on trouvait une fois encore l'interchangeabilité des composants. Ford insistait sur le fait que chaque produit devait respecter impérativement ses spécifications. Il était très rigoureux et exigeait que toutes les jauges dans l'usine fussent bien calibrées. En d'autres termes, la deuxième révolution industrielle a été fondée sur la première à travers l'interchangeabilité des composants.

La deuxième révolution industrielle a eu lieu parce que la demande pour les produits transformés était pratiquement infinie, ce qui n'est évidemment pas le cas aujourd'hui. Comme cela est illustré en figure 1.2, la crise de l'époque culmina en 1878, quand l'État du Wisconsin organisa une course de 300 km en offrant 10 000 dollars à celui qui trouverait un recours pratique et moins cher à l'utilisation des chevaux sur les routes de l'époque. Le défi était d'inventer un produit à bon marché qui fût facile à produire et abordable pour les classes moyennes. En 1898, on pouvait construire un véhicule en trois semaines pour un coût de 1500 dollars. En perspective, vers le début des années 60, le salaire annuel d'un ouvrier moyennement qualifié était d'environ 1500 dollars. On peut imaginer que, soixante ans plus tôt, très peu de personnes auraient acheté des véhicules au prix de l'époque. Les constructeurs automobiles ont aussi expérimenté plusieurs technologies telles que le gaz et les moteurs à vapeur.

En 1905, Ford était capable de produire vingt-cinq véhicules par jour à la Ford Manufacturing Company et, en 1909, il produisait 100 véhicules par jour. En 1913, la chaîne mobile de production a été installée à Highland Park. Cette chaîne d'usinage mobile a été considérée comme le paradigme de la production de masse (WOMACK et al., 1990). Elle nécessite un temps de cycle prévisible et récurrent, et dépend de l'interchangeabilité des composants (SORENSEN et WILLIAMSON, 1956). Une des contributions de Ford a été la conception et l'utilisation de machines pour éliminer la main-d'œuvre directe. Ces machines complexes et à usage spécifique permettaient de réaliser des économies d'échelle grâce au grand volume de production. Il assumait aussi la responsabilité de la conception des véhicules et de leurs composants. Ford poursuivit son ascension spectaculaire. En 1914, il produisait 300 000 véhicules par an, 500 000 en 1915,

Période de crise	
1878	L'État du Wisconsin sponsorise une course de 300 km, offrant $10 000 pour « un substitut pratique et économique à l'utilisation des chevaux comme moyen de transport ».
1893	Charles et Frank Duryea introduisent le premier véhicule à essence de série dont seulement 13 unités seront produites en 3 ans. « Elle ne roulait pas plus vite qu'un homme en marche, mais elle roulait. »
1898	Haynes-Apperson Auto Co. produit un véhicule toutes les 3 semaines pour $ 1500.
1898	Winton Motor Carriage Co. crée un engin avec 22 cylindres dont 100 unités seront produites en 1899 pour $ 1000.
1901	Oldsmobile fabrique un véhicule à cylindre unique pesant 300 kg et coûtant $ 650. 2500 exemplaires seront produits en 1902, 4000 en 1903, 5508 en 1904, 6500 en 1905.
1903	Le modèle A de Ford, avec un moteur à deux cylindres horizontalement opposés, coûte $ 750 ; 1708 exemplaires seront vendus en 1904.
1905	Ford produit 25 unités/jour. Création de Ford Manufacturing Co. pour produire des moteurs et des transmissions.
1906	Le Modèle N surpasse Oldsmobile avec 8,729 exemplaires vendus ; un 4 cylindres à $ 500.
1907	Les modèles N, R ($ 750) et S ($ 700) sont vendus respectivement à 14 887 et 10 202 exemplaires en 1908.
1908	Introduction du modèle T, un bloc moteur de 4 cylindres en une seule pièce, 5 carrosseries différentes : de $ 825 à $ 1000.
1909	100 exemplaires du modèle T produits par jour. 17 771 exemplaires vendus sur l'ensemble de l'année.
Période de révolution	
1913	Introduction des chaînes mobiles d'assemblage à Highland Park. 308 000 exemplaires en 1914, 501 000 en 1915 à $ 440/unité.
1922	Plus d'un million d'exemplaires du modèle T vendus par an jusqu'à 1926.
1923	1,82 million produits avec une moyenne de $ 300 avec plus d'options en standard.
Période de science « normale »	
1928	Chevrolet surpasse Ford et produit 1,2 million de véhicules.
1945	Début de la troisième révolution industrielle.

Figure 1.2 : La deuxième révolution industrielle aux États-Unis

et plus d'un million d'exemplaires du Modèle T furent produits et vendus en 1922. Entre-temps, le prix n'a cessé de baisser, pour l'essentiel suite à l'augmentation des volumes de production et aux économies d'échelle associées. Mais les systèmes de l'époque produisaient toujours peu de modèles, d'où l'expression classique : « Vous pouvez choisir n'importe quelle couleur pour votre véhicule pourvu que ce soit le noir. »

Dans leur ouvrage, Arnold et Faurote donnent une explication à la couleur noire qu'arboraient tous les véhicules Ford. Il y avait cinq à sept variétés du Modèle T, et l'utilisation de la peinture noire était due à la demande illimitée pour ce modèle. Ford pouvait vendre tout ce qu'il produisait. La peinture noire fut utilisée parce qu'elle séchait plus rapidement. Utiliser une peinture qui séchait plus rapidement diminuait le cycle de production. Un objectif de la production de masse de Ford à l'époque était de produire autant de véhicules que possible. La conception du système était guidée par cet objectif. Il est très superficiel de dire que la production de masse est caractérisée par son inflexibilité. En réalité, elle résultait des objectifs qui ont été fixés dans le contexte des systèmes de l'époque. Aujourd'hui, ces objectifs ont changé, et les systèmes de production de masse sont devenus inadéquats et inflexibles.

Finalement, vers 1928, l'uniformité de la couleur de ses véhicules devint un handicap pour Ford et les ventes de Chevrolet dépassèrent les siennes pour la première fois. L'automobile était devenue une commodité ; elle n'était plus la machine qui a changé le monde, mais représentait désormais une composante normale de l'évolution humaine. Vers 1928, les clients potentiels voulaient les véhicules les plus innovants et les plus attrayants. Chevrolet était capable d'introduire un nouveau produit assez innovateur pour répondre aux préférences des clients, maintenant devenus exigeants. Avec sa capacité à répondre à ce besoin, Chevrolet fera chuter les parts de marché de Ford. Cet environnement fut précurseur du marché automobile actuel dans lequel les produits sont vendus sur la base d'innovations et de conception. Personne ne veut du millésime de l'année passée, et toutes les innovations antérieures deviennent des exigences pour les produits futurs. Par exemple, les clignotants de gauche et de droite sur les voitures étaient un aspect important quand ils furent introduits mais, maintenant, on ne peut pas imaginer la commercialisation d'une voiture sans eux. En fait, d'autres caractéristiques telles que les airbags, les sièges confortables, la climatisation, la sonorisation et le système anti-blocage des freins commencent à être considérées comme des équipements de série attendus sur tous les véhicules.

En quelques mots   La production de masse (c'est-à-dire la deuxième révolution industrielle) a utilisé la notion d'interchangeabilité des composants introduite par la première révolution industrielle. Elle y a ajouté la capacité à produire en un temps de cycle fixe avec l'introduction des chaînes mobiles.

Pour pouvoir produire en un temps de cycle fixe, l'idée de la division de la main-d'œuvre fut utilisée et, les artisans des ateliers cédaient la place à des ouvriers inexpérimentés (SMITH, 1776). Selon cette division de la main-d'œuvre, au lieu d'assembler une transmission entière, les ouvriers exécutaient les mêmes petites tâches sur chaque transmission. La deuxième révolution industrielle rendra les ouvriers tout aussi interchangeables que le furent, lors de la première révolution, les composants. En conséquence, le « turnover » de la main-d'œuvre dans l'usine empira et Ford dut augmenter les salaires à cinq dollars par jour, montant d'argent exorbitant à l'époque, pour retenir ses employés. Fort heureusement, ce système du « jour à cinq dollars » allait instaurer un système économique qui a permis l'apparition de la classe moyenne. Les ouvriers étaient capables d'acheter les produits qu'ils avaient eux-mêmes produits dans l'usine. Entre 1928 et 1945, Ford se diversifia dans d'autres produits, tels que les avions à l'usine de Willow Run dont il veilla à l'installation. Le temps de cycle fixe, chaîne d'usinage mobile, et l'interchangeabilité des composants étaient les méthodes utilisées par Ford pour la production d'avions en quantités relativement élevées. L'usine de Willow Run fonctionnait en un cycle fixe. Les avions étaient déplacés à travers une chaîne de production selon la demande des clients. Tous les outils ont été conçus et construits afin que les composants interchangeables puissent être assemblées sur l'avion en un temps de cycle fixe. Au départ, Ford et ses ingénieurs n'étaient pas assurés du bon fonctionnement des outils qu'ils avaient conçus et construits, d'où le surnom de l'usine de « Will it run » (marchera-t-elle ?). L'usine a été conçue pour produire de très hauts volumes. Des investissements énormes en outils furent nécessaires pour exploiter les économies d'échelle associées à la production de masse. Hélas, cette initiative fut un échec.

2.3. La troisième révolution industrielle

Le système de production de Toyota s'est inspiré des révolutions industrielles antérieures. Il fut élaboré sur les principes du système de Henry Ford qui, lui-même, avait emprunté au principe des composants interchangeables. Comme Arnold et Faurote l'ont mentionné, Ford laissait les visiteurs extérieurs observer le fonctionnement de son usine de Highland Park. Il est tout à fait possible que des ingénieurs nippons l'aient visitée après la Seconde Guerre mondiale.

Période de crise	
1945	Besoin de reconstruire de grandes variétés de produits en petits volumes après la Seconde Guerre mondiale. Toyota utilisa seulement six matrices d'emboutissage, nécessitant des commutations fréquentes et rapides.
1948	Retrait de production par les processus subséquents.
Période de révolution	
1949	Entrepôts intermédiaires abandonnés.
1950	Cellules « en ligne ». Disposition des machines en forme de U.
1950	Lignes d'usinage et d'assemblage équilibrées.
1953	Système de supermarché dans les ateliers de machines.
1955	Le système d'assemblage de l'usine principale adopte le contrôle visuel (andon).
1962	Le système kanban adopté par l'ensemble de l'entreprise Toyota.
1962	Contrôle complet des opérations des machines (*poka-yoke*).
1965	Le kanban entièrement adopté pour l'approvisionnement des pièces extérieures au système de production ; commencement de l'enseignement du système aux filiales.
Période de science « normale »	
1981	Publication du « *Système de production de Toyota* » en anglais et diffusion aux États-Unis.
1990	Publication de « la machine qui a changé le monde ».

Figure 1.3 : Troisième révolution industrielle à Toyota au Japon
(OHNO et MITO, 1988)

Après la Seconde Guerre mondiale, les Japonais ont été confrontés à des exigences de production complètement différentes de celles auxquelles avaient fait face les Occidentaux. Leur réaction face à ce nouveau défi mènera à la troisième révolution industrielle (voir figure 1.3). L'Occident avait une capacité de production infinie, un surplus de ressources, une demande insatisfaite, et beaucoup de consommateurs qui possédaient le pouvoir d'achat nécessaire. En résumé, tout ce que les usines occidentales avaient à faire était de produire plus, plus rapidement. Au Japon, la demande et les ressources financières étaient minces. Un des premiers principes du système de production Toyota était que toutes les composants devaient être bien faits parce qu'il n'y avait aucun excès en capacité. Tous les composants d'un véhicule ont dû être faits avec des ressources limitées et ils devaient être corrects dès la première fois. Cela a mené à de nouvelles exigences telles que les hauts niveaux de qualité et la capacité à produire avec flexibilité : une machine devait pouvoir faire plusieurs variétés de composants. Des commutations fréquentes étaient nécessaires pour fabriquer différentes variétés de composants sur ces machines. Cette approche s'opposait à la production de masse qui utilisait des ateliers dédiés de machines où chacune était entièrement consacrée à une tâche unique et précise. Pour résoudre ce problème, la philosophie du fondateur de Toyota, Kiichiro Toyota, fut de produire en fonction de la demande réelle. En alignant la production sur la demande réelle des clients, les stocks pourraient être minimisés. L'idée qui consiste à envisager une usine comme un pipeline produisant ce qui est souhaité par le client en engendra une autre : l'ajustement de chaque opération pour produire suivant la demande réelle (production tirée par la demande). L'aval tire de l'amont la quantité et les variétés de composants réellement demandées. Ce retrait fournirait en retour des informations à l'amont quant à la quantité et le type de produits à préparer, afin de pouvoir réapprovisionner la quantité consommée. Cette approche représente une conception complètement nouvelle en matière de gestion et de planification des flux de l'information au sein de l'usine. Les processus de transformation produiraient uniquement ce que le client demande. L'usine tout entière ayant pour unique objectif de ne produire que ce qui est demandé par le client.

À mémoriser — Au lieu de produire selon une prévision ou une estimation de la demande, le système de production de Toyota a été édifié, et a évolué, selon cette idée fondamentale qui consiste à produire en fonction de la demande réelle.

Taiichi Ohno était l'un des fondateurs du système de production Toyota. Il modela les systèmes de production en se basant sur ses observations des systèmes de supermarchés aux États-Unis. Par exemple, une étagère comporte une quantité fixe de produits. Le retrait (achat) par le client d'un produit signale le besoin de remplir la place vidée par cet achat gardant ainsi, une quantité standard de stocks sur l'étagère. L'analogie avec le système de production impliquait la création d'une quantité standard de stocks entre les différents processus de transformation. Ainsi, le contrôle de la production et la réponse effective à la demande sont devenus possibles. En 1953, le kanban fut inventé pour signaler le besoin de renouvellement d'un produit dans un système de production. Le système d'information dans cette nouvelle approche était très différent de celui de Ford. Dans les usines Ford, une personne, connue sous le nom du chasseur de déficit, maintenait des niveaux minimal et maximal de stocks de composants telles que les transmissions et les moteurs entre la fabrication et l'assemblage. Ford créa aussi une chambre de compensation qui n'était rien d'autre qu'un tableau étiqueté avec les niveaux de stocks de chacun des composants nécessaires pour le dernier assemblage. Enfin, des agents compteurs vérifiaient les stocks à intervalles de temps réguliers en tournant sur l'ensemble de l'usine. Quand les stocks étaient bas, le chasseur de déficit faisait en sorte que le niveau minimal de stocks fût maintenu afin que l'assemblage pût continuer sans interruption.

En quelques mots   Dans le système de production de Ford, quelqu'un était toujours présent pour contrôler le niveau des stocks, opération qui fut considérée comme l'une des réalisations clés pour l'efficacité du système. Le système de production Toyota a repris l'idée originale de Ford quant au chasseur de déficit, tout en l'améliorant. Toyota voulait aussi contrôler la quantité de stocks entre la fabrication et l'assemblage. La consommation d'un produit du stock standard, dans le nouveau système, signalerait automatiquement le besoin de réapprovisionnement. Cette approche fut appelée réapprovisionnement par flux tirés, dans lequel le fonctionnement du système est contrôlé par le client « qui tire » les produits du processus amont.

La mise en œuvre physique des flux tirés est mieux réalisée par une série de cellules liées. Chaque cellule fournit des composants pour la prochaine cellule dans la chaîne. L'harmonie du système résulte de ce que chaque cellule est conçue pour opérer au rythme de la demande du client. Par exemple, les composants des boîtes de vitesse sont produites au rythme de leur assemblage, qui est exactement le rythme de l'assemblage des véhicules.

Dans tous les cas, la conception du système de Toyota a évolué et a été diffusée, en particulier, après la publication de *Toyota Production System*[*], par Shigeo Shingo, en 1980. Ce livre a été traduit par un neveu de Shingo à partir d'un cours que ce dernier a initialement enseigné au Japon. Par la suite, une meilleure traduction a été publiée en 1989 (SHINGO, 1989), qui intégrait complètement la philosophie du système.

Quand les Occidentaux lirent l'ouvrage de Shingo et autres ouvrages expliquant le système de production de Toyota, leur réponse se résuma à un : « Nous sommes différents », « La première raison du succès de Toyota était le coût de la main-d'œuvre directe relativement bas au Japon ». Une autre fut avancée : « Les Japonais travaillent plus dur que les Occidentaux. » Par conséquent, la conclusion qui s'imposa était que le système de production de Toyota ne fonctionnerait pas en Occident. Nombre de dirigeants ne crurent pas en l'efficacité

---

[*] En Français, « Système de Production de Toyota ».

de l'importation des principes du système Toyota dans d'autres industries (« Mon entreprise n'est pas Toyota. ») C'est uniquement quand Womack, Jones et Roos publièrent leur ouvrage *The Machine that Changed the World*, qui étudie l'industrie automobile et oppose les méthodes occidentales et japonaises, que les réticences teintées d'indifférence des Occidentaux à l'encontre des pratiques de Toyota furent réfutées. En se livrant à une comparaison des opérations industrielles japonaises, européennes et américaines, et de celles des transplantations japonaises aux États-Unis, l'étude a clairement indiqué que les ouvriers américains travaillant dans les transplantations japonaises aux États-Unis étaient aussi compétitifs que les ouvriers japonais. En outre, l'étude a montré que les usines américaines et européennes étaient largement inférieures aux transplantations japonaises en Amérique et en Europe en termes de coût, de qualité, de délais de livraison, etc. La différence ne tenait en rien à la nature et à la difficulté du travail ou au coût de la main-d'œuvre. Du coup, toutes les entreprises ont souhaité adopter les principes de la production au plus juste. Démonstration fut faite que le niveau de qualité médiocre ne résultait pas de la « paresse » des ouvriers occidentaux.

En quelques mots
Il fut mis en avant que les différences étaient de nature systémique. L'expression qui allait les caractériser était la *Lean Production* *. Les entreprises et les transplantations japonaises atteignaient des performances supérieures tout en comsommant moins de ressources. Elle faisaient moins de gaspillages.

Cependant, l'ouvrage n'attribua pas ces différences à un changement dans la conception des systèmes de production. Les auteurs avaient bien identifier les différences entre ce qu'ils nommèrent système de production de masse et système de production « au plus juste » ou « sans gaspillage », mais sans apporter la justification logique et scientifique à ces différences.

En quelques mots
Le but ultime de notre travail est d'établir une méthodologie de conception et de développement de systèmes de production au plus juste. Les systèmes de production traditionnels, par ateliers spécialisés produisant en lots, sont dits de production de masse. De l'autre côté, les systèmes de production à cellules liées implémentés par Toyota représentent la production au plus juste. Les systèmes de production à cellules liées sont apparus depuis une quarantaine d'années et ils ont évolué sous d'autres versions telles que la production subtile, agile ou fractale, qui contiennent tous des éléments

---

* En Français, « Production au plus juste ou sans gaspillage »

du système de production Toyota. Cependant, aucun de ces cadres conceptuels ne contient tous les éléments nécessaires qui font du système de production Toyota ce qu'il est. C'est l'objet même de notre ouvrage de fournir une méthodologie de conception qui adapte de façon flexible la compréhension et l'avancement de ces concepts de production dans différents contextes.

3. Quelques notions de production

Un système de production est défini comme un système qui ajoute de la valeur à un produit ou à un service.

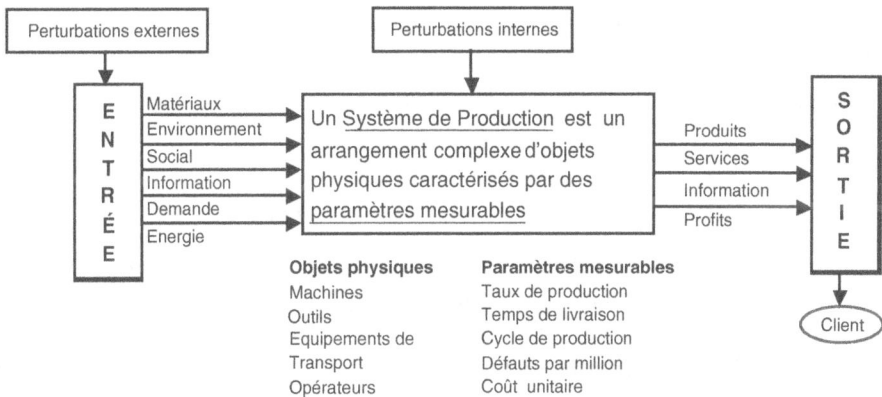

Figure 1.4 : Définition schématique d'un système de production

La conception des systèmes de production fait référence à la conception du système de transformation et des activités ajoutant de la valeur au produit ainsi qu'aux éléments de support associés. Cet ouvrage s'étendra à la fois sur le système de transformation ainsi que sur les éléments de support qui affectent ce dernier. Un système de production peut être modélisé comme un arrangement d'éléments physiques ou d'objets. Il est caractérisé par sa performance. Une représentation schématique d'un système de production est illustrée dans la figure 1.4.

Un système de production convertit des entrées en sorties, et tout système de production comporte quatre principales opérations : traitement, inspection, transport et stockage. Le traitement fait référence aux processus industriels qui ajoutent la valeur au produit final, tels que l'usinage ou l'assemblage. Il est la seule opération qui ajoute de la valeur aux sorties.

Le transport peut être nécessaire mais n'ajoute pas de valeur au produit final, et il est de même pour le stockage et l'inspection. Ce raisonnement ne veut pas dire que toute inspection devrait être éliminée parce qu'elle n'ajoute pas de valeur, mais qu'il s'agit d'essayer d'identifier les emplacements et natures des opérations sans valeur ajoutée. Certains croient que, pour éliminer le gaspillage des ressources, il faudrait éliminer toutes les opérations qui n'ajoutent pas de valeur au produit final. Il est pourtant nécessaire d'avoir, par exemple, un processus réalisant des produits avec des niveaux exceptionnels de qualité pour pouvoir éliminer l'inspection, sinon des produits défectueux parviendraient au client final. Certes, l'élimination des activités qui n'ajoutent pas de valeur au produit supprime le gaspillage, mais une des étapes de la conception du système de production implique la définition préalable de processus capables.

4. Performance des systèmes de production

Comment la performance des systèmes de production devrait-elle être évaluée ? Et comment devons-nous concevoir les systèmes de production pour atteindre les objectifs de performance qui leurs sont fixés ? Le premier principe en la matière est que ces systèmes sont conçus en fonction des critères de performance selon lesquels ils sont évalués et la réflexion des ingénieurs qui les ont conçus. En plus simple, on n'obtient que ce qu'on mesure ! Le chapitre 3 de cet ouvrage démontre qu'un système de production par ateliers spécialisés produisant en lots n'est en effet que le résultat de la façon dont la performance y est mesurée. La production de masse cherche à augmenter la productivité en se basant sur la perspective restreinte de la productivité de la main-d'œuvre directe. En conséquence, les systèmes de production de masse maximisent l'utilisation des machines et minimisent celle de la main-d'œuvre directe. Ce raisonnement a conduit à introduire dans les décennies 1980 et 1990 bien des technologies pour accomplir ces objectifs. Les véhicules automatiquement guidés, et les machines géantes, ultra-rapides et infiniment flexibles, n'en sont que quelques exemples. Les machines monumentales, ultra-rapides, sont d'excellents défis de l'ingénierie industrielle. Cependant, très peu d'importance fut accordée à la qualité, le contrôle des variations, la flexibilité, le juste prix pour le client, la réduction du délai de livraison et la diversité des produits dans les systèmes de masse. Cela est encore vrai dans la plupart des environnements de production d'aujourd'hui.

À savoir
La fonction de production selon Schonberger (1983) se doit de couvrir quatre objectifs simultanés : Plus faible coût possible, Plus haute qualité possible, Flexibilité (diversité en volume et en variété), Livraison en temps réel (sensibilité clientèle).

Schonberger n'a pas mis l'accent sur l'élimination de la main-d'œuvre directe ou la maximisation de l'utilisation des machines, mais sur l'importance d'accomplir multiples buts simultanés du point de vue client. En réalité, la production de masse ne prend pas en considération les besoins et désirs du client final. Elle cherche surtout à éliminer le coût de la main-d'œuvre directe, ce qui est un point de vue trop étroit pour être compétitif dans notre environnement concurrentiel. En fait, la main-d'œuvre directe ne constitue que 8 à 12 % du coût de production total dans la plupart des industries actuelles.

À mémoriser
La performance d'un système de production est définie par un ensemble de variables mesurables. Dans le cas d'une production de masse celles-là incluent le taux d'utilisation des machines, le taux d'utilisation de la main-d'œuvre et le coût unitaire. Les mesures de performance qui sont importantes aujourd'hui incluent le juste taux de la production, le pourcentage de livraisons sans retards, le cycle de production, le nombre de défauts par million.

5. Conception des systèmes *vs* optimisation des opérations

La figure 1.5 décrit la disposition, simplifiée, d'une usine. Elle illustre les étapes nécessaires pour transformer une pièce brute de fonderie depuis le moment de son entrée à l'usine jusqu'à sa sortie du même établissement. Pour permettre la flexibilité en termes de variétés, la direction de l'usine a décidé d'éliminer l'usage d'une ligne mobile dans les processus d'usinage. Cinquante centres d'usinage ont été utilisés pour remplacer la production de la ligne mobile. Le composant en fabrication est une partie du bloc moteur qui nécessite des opérations d'usinage, puis des opérations d'assemblage.

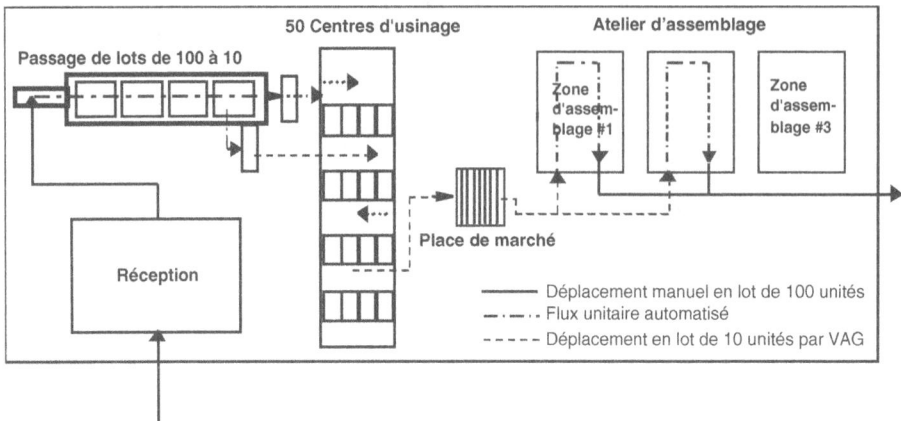

*Figure 1.5 : Plan d'une usine de production
d'un composant de bloc moteur*

Dans cette nouvelle configuration et dans une première étape du traitement, le bloc d'aluminium entre dans l'usine. Toutefois, avant d'arriver au centre de l'usinage, les pièces sont transportées et stockées plusieurs fois. Dans un premier temps, elles sont transportées dans l'usine. Puis elles sont stockées dans une grande zone de réception. Ensuite, elles sont encore transportées et réorganisées de lots de cent unités en des lots de dix. Les pièces sont ensuite ramassées par des véhicules guidés automatiques, et transportées à la zone d'usinage. Par la suite, les composants sont déplacés vers les centres d'usinage où ils sont entreposés. Il y a quatre récipients de dix pièces à chaque centre d'usinage. Enfin, l'opérateur charge les pièces. La dernière opération est l'usinage. La séquence d'opérations nécessaire pour livrer les matériaux au centre d'usinage peut se décomposer en des opérations élémentaires : transport, stockage, transport, transport, stockage, transport et stockage. Quand un système de véhicules guidés a été implémenté dans l'usine, une des opérations de transport a été améliorée, mais pas la séquence de livraison entière. Ces améliorations ont été nommées par Shingo des améliorations verticales, car elles n'intéressent pas le système entier (horizontalement). Le système de véhicules guidés était évidemment une amélioration verticale dans ce contexte.

Les objectifs du système global n'ont pas été améliorés et la conception du système dans lequel les véhicules guidés sont utilisés n'est pas prise en considération. De plus, l'usinage et l'assemblage n'étaient pas en équilibre et de gros stocks intermédiaires sont nécessaires entre les deux processus. Une conception de systèmes de production équilibrés implique un usinage qui fonctionne au même rythme que l'assemblage. L'idée de rythme de production est modélisée en utilisant le concept du cycle de la demande client. Cela implique que l'opération de l'usinage fonctionnerait au même cycle que l'assemblage. Comme l'ancienne ligne mobile a été conçue pour opérer au rythme de l'assemblage, l'utilisation de centres d'usinage au lieu d'une seule ligne mobile perturbe l'équilibre du système et constitue un retour en arrière. En revanche, l'utilisation des centres d'usinage a permis une flexibilité pour une gamme plus large de produits, mais a annulé le flux en pipeline qui était accompli avec la ligne mobile. Dans le cas de ce système de production, les objectifs étaient de parvenir, d'une part, à un flux équilibré des composants et, d'autre part, à une flexibilité en termes de variétés. Le premier objectif a été abandonné pour accomplir le second objectif en allant de la ligne mobile aux centres d'usinage. Par conséquent, les centres d'usinage n'ont pas accompli tous les objectifs du système.

À
mémoriser

Seule une vision d'ensemble permet d'analyser l'intégralité du système de production et les différents liens organiques entre ses éléments, sans tomber dans la piège des améliorations des opérations singulières qui ne conduisent pas à celle du système global.

La prochaine section décrira la notion de gaspillage et son élimination. Cependant, pour éliminer le gaspillage, c'est l'ensemble du système qui devrait être considéré et pas seulement des opérations uniques. Toutes les étapes inutiles qui ne changent pas le produit final, telles que le transport ou le stockage, devraient être analysées dans leurs contextes et ensuite réduites au minimum ou éliminées.

6. Éliminer le gaspillage

Chez Toyota, le gaspillage est considéré comme un mal qui doit être supprimé dans l'usine. Le gaspillage est mauvais. Les opérations inutiles sont du gaspillage. Toyota a identifié sept types de gaspillage : la surproduction, la fabrication de produits défectueux, le transport inutile, les opérateurs attendant devant les machines, le stockage, les mouvements inutiles d'opérateurs et les traitements inutiles. Cependant, il n'y a pas pire gaspillage que d'ignorer son existence et ne pas le reconnaître. Les opérateurs attendant devant leurs machines, par exemple, constituent un gaspillage car ils pourraient utiliser ce temps d'une meilleure façon. Bien sûr, il y a des raisons qui peuvent justifier le fait que des personnes observent le fonctionnement des machines. La première, c'est sans doute que cela s'est toujours passé ainsi, mais il peut aussi paraître logique qu'un opérateur se place en observation pour intervenir si quelque chose tourne mal. Afin de vraiment éliminer le gaspillage, la question à se poser en premier lieu est la suivante : pourquoi est-ce que l'opérateur doit être là et pourquoi quelque chose peut mal tourner ? Le concept du Jidoka permet à une machine de fonctionner indépendamment de l'opérateur. Dans le cas où quelque chose tourne mal, la machine s'arrête automatiquement et le signal par le biais de sonneries et de lumières permettant à l'opérateur d'intervenir uniquement quand cela devient nécessaire. Par conséquent, les machines ne contrôlent pas l'homme dans ce contexte.

Les machines doivent être des éléments intégrés au travail de l'homme. Cette façon de penser fournit une base d'ingénierie pour déterminer et comprendre ce que les machines doivent faire dans le contexte des systèmes de production. Il est donc banal et insensé de dire que les véhicules automatiquement guidés, par exemple, ne doivent pas être utilisés. Il est en principe possible de déterminer si un véhicule guidé (qui automatise l'opération de transport) répond effectivement aux objectifs du système dans lequel il est placé. On doit comprendre ce qui est exigé des machines qui ont été conçues et construites pour s'insérer dans un système de production. Le gaspillage des mouvements inutiles se crée quand ils peuvent être évités et quand ils induisent une perte de temps très précieux.

> **À savoir**
>
> Difficile à détecter, le gaspillage de mouvement doit être éliminé pour pouvoir respecter le rythme imposé par le cycle unitaire de la demande client, et son élimination commence d'abord par son identification dans l'usine.

Enfin, il faut comprendre que la valeur ajoutée fait référence à n'importe quel processus qui change la forme ou la fonction d'un produit que le client veut acquérir. Si une opération n'affecte pas la forme ou la fonction du produit, elle n'ajoute pas de la valeur au produit. Évidemment, le transport ne change pas la forme ou la fonction du produit et n'ajoute donc pas de valeur au produit final.

Il est important de bien noter que le raisonnement introduit à ce stade au sujet de l'élimination du gaspillage et de l'amélioration du système, et non des opérations, est applicable à beaucoup d'industries, et cela concerne tant les produits alimentaires et cosmétiques que les produits électroménagers et la construction automobile et aéronautique. Plusieurs des principes qui sont discutés dans la suite de cet ouvrage s'appliquent universellement à tous les systèmes de production indépendamment des produits sous-jacents.

Pour résumer

L'historique de l'évolution de la production montre que, lorsqu'un système de production n'est plus capable de répondre aux impératifs externes de la production, des innovations se font jour et de nouvelles approches sont diffusées par la suite. La production au plus juste, révolution industrielle générée par la situation très particulière du Japon après la Seconde Guerre mondiale, n'est qu'une page de cette histoire. Elle permet d'atteindre simultanément tous les objectifs de la production grâce à l'élimination de toutes les sources de gaspillage.

CHAPITRE **2**

L'application décevante des concepts japonais en occident

« Les dirigeants ont cru qu'ils pourraient établir les objectifs généraux, prononcer les bons discours et laisser tout le reste à leurs subordonnés. »

J. M. JURAN (1993)

Quelle perspective dans ce chapitre ?

Vers les années 80, et en moins de 40 ans, le Japon est devenu l'un des premiers producteurs mondiaux d'automobiles, un événement qui mérite une analyse et doit susciter quelque réflexion. Pour la plupart des managers et des ingénieurs occidentaux qui ont été formés à l'approche cartésienne des choses, ce phénomène aurait dû pouvoir s'expliquer par les pratiques japonaises dans les usines de production, telles que le Juste à temps (JAT) et le Total Quality Management (TQM). La mise en place de ce type de systèmes individuels montrera aux Occidentaux que les améliorations souhaitées ne sont pas généralement atteintes quand ces concepts sont appliqués de façon isolée. Au contraire, plusieurs systèmes annexes de support sont nécessaires pour la réussite des pratiques en question. Le discours actuel dans les entreprises occidentales tourne autour de la gestion de la production à la Japonaise, un discours qui englobe tous les concepts qui peuvent être observés dans des usines comme celles de

Toyota. Mais comprend-on réellement l'objectif qui sous-tend tous ces concepts, quels sont les pré-requis pour la réussite de la mise en place de ces pratiques ? Dans ce chapitre, nous analyserons quelques-unes de ces pratiques comme le JAT et le TQM ; nous en expliquerons les objectifs et verrons pourquoi ces derniers ne sont pas atteints dans la plupart des cas quand ils sont appliqués dans les usines occidentales.

1. Le Juste à temps (JAT)

Le JAT * est un concept qui a été développé pour contrôler la production, l'objectif étant de ne consommer, produire ou livrer qu'au moment voulu. Pour consommer de la matière première, pour la transformer et pour livrer le produit final, il faut un signal extérieur au système qui lui donne l'ordre de consommer, transformer ou livrer le produit. Ce contrôle permet de réduire les stocks inter-médiaires avec tous les avantages qui en résultent (réduction du capital immobi-lisé, minimisation du taux de défauts et de rectification de pièces défectueuses par une meilleure maîtrise des perturbations, optimisation de l'utilisation de l'es-pace, et enfin réduction des délais, des retards et de la surproduction...). Mais l'attrait principal du Juste à temps est sans doute sa simplicité ; il n'exige aucun nouvel équipement ni aucune formule complexe tout en fournissant un outil très puissant de contrôle. L'enthousiasme des entreprises occidentales autour du concept est loin d'être surprenant ; il a été adopté par plusieurs d'entre elles, et notamment Ford, General Electric, Hewlett-Packard, IBM et Xerox.

Pourtant, après l'enthousiasme s'ensuivit une formidable confusion dans la mise en place du Juste à temps : des usines chaotiques, des clients furieux et des catastrophes financières. Et le problème ne vint pas de la pratique elle-même mais de la manière selon laquelle elle fut appliquée. Le succès du JAT dépend d'autres conditions nécessaires :

1- Des processus de fabrication et de production capables sans lesquels il ne serait pas possible de produire juste à temps.

2- Un suivi des mêmes pratiques par les fournisseurs, sans lequel les stocks seraient poussés vers eux. En effet, si les fournisseurs ne sont pas capables de suivre le JAT, ils accumuleront les stocks finaux pour pouvoir répondre à une demande juste à temps. C'est l'une des raisons principales qui déci-dèrent Toyota à imposer son système de production à ses fournisseurs.

3- Une adoption du concept par les opérateurs. Un des arguments majeurs en faveur du JAT est le fait qu'il permet, d'un côté, l'implication des opérateurs dans leur travail et, de l'autre, dans l'amélioration continue du système par la réduction des niveaux de stocks. Certaines entreprises ont néanmoins utilisé le JAT comme un moyen coercitif avec les opéra-teurs. Mais elles n'obtinrent que grogne chez les opérateurs et mécon-tentement chet les syndicats.

---

* En Anglais : Just in time (JIT).

Le JAT n'est pas une clé magique qui résout tous les problèmes de production. Il n'est pas nécessaire dans tous les cas non plus. Il suffit d'imaginer un système de production stable avec des processus capables, réalisant des unités d'un produit donné pour une demande fixe sans aucune variation. Dans ce cas, le système de production n'a qu'à produire la quantité demandée (qui est dans ce cas constante) jour après jour. Un système de contrôle même aussi simple et aussi élégant que le JAT ne serait d'aucune nécessité. Dans ce cas particulier, aucun système de contrôle n'est nécessaire, l'aval n'a pas besoin d'informer l'amont de l'état de la demande et des stocks. Dans ce cas, le JAT devient superflu.

Le problème est que le monde de la production est sujet à des incertitudes et à des variations. Professeur à la Harvard Business School, Spear, qui a passé une bonne partie de sa vie dans les usines occidentales et japonaises, résume la conception du système de production Toyota en une seule expression : « Des contre-mesures à la variation. »

En quelques mots : Tout système de production est sujet à des variations internes et externes. Externes en termes de demande des clients, d'incapacité des fournisseurs à livrer les quantités et les variétés souhaitées au bon moment avec une qualité parfaite. Internes en termes d'incapacité des processus de fabrication à produire sans défaut, de pannes de machines… Les pratiques observées chez Toyota ont été conçues sur une période de plusieurs décennies pour, d'une part, réduire les variations lorsque cela est possible et, d'autre part, être réactif aux variations non contrôlables. Le JAT est un outil pour y parvenir, mais certainement pas le seul.

2. Le mythe du Stock zéro

La réduction des stocks n'est pas une fin en soi. Les stocks sont les symptômes d'autres problèmes plus graves et plus radicaux, qui ont trait à la capacité du système de production à répondre aux variations et aux délais. En effet, les stocks ne sont en réalité que des contre-mesures aux variations. Solution, certes, coûteuse et pas très élégante, mais en l'absence de processus stables et de systèmes de contrôle capables, les stocks sont la seule solution possible.

Supposons maintenant que nous soyons doté d'un système de production stable et capable avec une prévisibilité totale dans les sorties du système, ainsi que des temps de changement d'outil nuls (cela implique un temps nul entre le passage d'une variété à une autre). Peut-on se passer des stocks dans ce cas ? On part du principe que le client se trouve à une distance relativement importante

par rapport à l'usine de production (de l'ordre de quelques dizaines de kilo-
mètres et plus). Aucun flux unitaire ne serait possible entre l'usine de production et le client dans ce cas, et, pour des raisons évidentes de coûts, les produits
doivent être livrés en lots et non en unités singulières. Il est ainsi nécessaire de
constituer des stocks entre une livraison et une autre.

À
mémoriser

**Même dans le cas très idéaliste d'un système de production stable
et capable, il n'est pas possible d'atteindre le zéro stock.**

Ohno résume sa vision à ce sujet dans son ouvrage *Just-In-Time for Today
and Tomorrow* (1988) : « Si on élimine complètement les stocks, on aura des rup-
tures de stocks ainsi que d'autres problèmes. En réalité, la réduction des stocks à
zéro n'a pas de sens. »

3. Le Total quality management (TQM)

Quand l'entreprise américaine Wallace Co lança un vaste programme TQM
vers la fin des années 80, elle obtint en 1990 le Malcolm Baldrige National Quality
Award, la plus prestigieuse des récompenses dans le domaine de la qualité.
Néanmoins, cette même entreprise a connu d'énormes pertes juste après avoir été
primée. Malgré le licenciement de plus d'un quart des employés pour réduire ses
coûts, l'entreprise a été mise en liquidation en 1991.

Un autre exemple est celui d'Analog Devices, un des premiers producteurs
de circuits intégrés. Analog Devices implémenta un programme TQM à la fin des
années 1980 ; il en résulta un doublement de la productivité, la réduction de moi-
tié du cycle de la production et la réduction du taux des produits défectueux par
un facteur de dix. Cependant, dans le même temps, la performance financière de
l'entreprise se dégrada tellement que l'entreprise fut sur le point de faire faillite.
Le professeur Sterman du Massachusetts Institute of Technology étudia en 1997
ce paradoxe et mit en évidence les difficultés de la mise en place d'un programme
d'amélioration de la qualité tel que TQM. Les résultats de son étude peuvent être
résumés ainsi :

- Le Programme TQM implémenté par Analog Devices a effectivement
  augmenté la productivité, et réduit tant le cycle de production que le taux
  des produits défectueux en fin du système de production. Et il s'agit ici de
  faits.

• Les coûts indirects de la production ont considérablement augmenté lors de la mise en place du programme. Une analyse de la nature de ces coûts montre que l'augmentation est essentiellement liée au recrutement de consultants TQM, à la formation des employés, à la mise en place d'outils pour le suivi des améliorations…

• L'analyse des niveaux de ventes avant et après la mise en place du programme TQM ne montre aucune augmentation sensible des ventes. En effet, dans cette industrie largement tirée par la demande, même si Analog Devices avait augmenté sa productivité, réduit son cycle de production et son taux de produits défectueux, elle continuait à vendre les mêmes volumes de produits. Cela explique la dégradation de la situation financière de l'entreprise, les coûts indirects de la mise en place du TQM n'ayant pas été recouverts par de nouveaux revenus.

• L'analyse de l'organisation de la recherche et développement au sein de l'entreprise ne met en évidence aucun changement sensible dans la productivité de cette division ni même dans le cycle de développement de nouveaux produits. Une recherche plus approfondie montre qu'en réalité aucun programme TQM n'a été implémenté dans la division. Cela explique en partie les volumes de ventes relativement constants ; en effet, l'absence de développement de nouveaux produits combinés avec des marchés existants tirés par la demande n'a logiquement pas engendré une augmentation des ventes et ce malgré des gains de productivité dans la fonction de fabrication et la libération de capacité supplémentaire de production. Cela explique aussi la chute spectaculaire du moral des opérateurs qui ont largement contribué au succès du TQM. Le développement produit prenant du retard par rapport à la production, ils se sont trouvés en surcapacité, avec des licenciements à la clé.

Les gains de productivité et de capacité de production sont intrinsèquement de bonnes choses. Mais ils étaient inutiles, et d'ailleurs néfastes dans le cas d'Analog Devices, car ils n'étaient pas couplés avec des progrès similaires dans le développement produit.

À mémoriser

Une mise en place partielle d'une pratique comme le TQM peut avoir des conséquences complètement opposées avec les objectifs initiaux attendus des programmes d'amélioration. L'absence de compréhension globale des interactions entre les différentes composantes d'un système de production, et plus généralement d'une entreprise, conduit à la perte de la maîtrise des effets secondaires des solutions mises en place, et ainsi de leurs résultats ultimes.

Enfin, il est essentiel de comprendre les impacts de ces pratiques sur le cas particulier d'une entreprise donnée avec sa propre culture, industrie et positionnement concurrentiel.

4. Le Six sigma

« Vous devrez être très sélectifs et choisir les bons projets pour le Six sigma. »

M. PEREZ-WILSON (1999).

On ne peut aujourd'hui parler de qualité ou ouvrir un ouvrage qui y est consacré sans que ne soit mentionné le Six sigma. De quoi s'agit-il exactement et pourquoi cette pratique a-t-elle eu tant de succès au sein des plus grandes multinationales ? General Electric, Seagate Technology, Bombardier et Allied Signal ont tous adopté les techniques utilisées par Motorola au cours des années 1980.

La différence principale entre le Six sigma et les autres techniques appliquées par le passé, telles que les cercles de qualité et les TQM, réside en ceci que la méthode pousse les objectifs très loin, bien plus loin qu'aucune autre technique d'amélioration de la qualité. En statistique, le sigma est un paramètre qui sert à mesurer la variabilité des sorties d'un processus ; le tableau suivant montre les correspondances entre un nombre donné de sigma et le taux de défauts produits par un processus.

Sigma	Taux pièces sans défauts	Défauts par million
3	93,3 %	66 807
4	99,38 %	6210
5	99,977 %	233
6	99,9997 %	3,4

Figure 2.1 : Nombre de sigma et taux de défauts

Dans la plupart des entreprises, un processus produit en moyenne 6000 pièces défectueuses par million de pièces produites, ce qui correspond à environ quatre sigma ; quand il s'agit de passer au Six sigma, le taux moyen de pièces défectueuses passe à un niveau spectaculaire de 3,4 défauts par million de pièces produites.

Le Six sigma définit aussi un processus en cinq étapes pour atteindre cet objectif ambitieux de qualité. Ces cinq étapes peuvent être résumées ainsi :

1 - Définir : les problèmes rencontrés et les objectifs de l'amélioration sont clairement identifiés. Au niveau supérieur, les objectifs sont de nature globale comme l'augmentation des performances d'un département. Au niveau projet, les objectifs sont plus concrets comme la réduction des taux de défauts ou celle des cycles de production. D'autre part, les contraintes externes imposées sur la démarche d'amélioration sont considérées.

2 - Mesurer : cela va de la mesure des unités défectueuses sortant d'une ligne d'assemblage au temps nécessaire pour réparer les produits retournés, jusqu'à la rapidité de réponse aux commandes des clients. En résumé, toute variable mesurable affectant la qualité est effectivement mesurée.

3 - Analyser : l'analyse permet de déterminer les objectifs de performance pour une opération. Cela est possible en examinant les conditions dans lesquelles les sorties d'une opération deviennent optimales et en essayant de rendre ces conditions routinières. Dans la terminologie Six sigma, ces conditions sont mesurées par des paramètres dits critiques à la qualité (CTQ), et le poids de chaque variable est mesuré (en utilisant des techniques statistiques) dans les sorties de l'opération sous-jacente.

4 - Améliorer : l'amélioration passe par une révision des anciens processus et procédures. Par exemple, lorsque les tolérances que délivre un processus de production ne peuvent permettre d'atteindre le Six sigma et ne sont donc pas acceptables, il convient de modifier les processus en question, même si cela implique des changements radicaux dans les équipements et l'organisation. C'est l'un des impératifs du Six sigma.

5 - Contrôler : une fois que les nouveaux processus sont en place, il s'agit alors de les contrôler et de les superviser pour que les hauts niveaux de qualité soient maintenus sur le long terme. Cela peut être fait par le développement d'indicateurs de suivi de la performance temps réel qui permettent une meilleure réaction en cas de perturbations.

Ainsi, en tant que processus d'amélioration, cette pratique ne présente aucun inconvénient. L'unique problème provient de l'étendue de son applicabilité, comme le concède le champion même du Six sigma : General Electric.

À savoir

La réduction du temps nécessaire pour répondre aux commandes des clients constitue un projet idéal pour le Six sigma.

En revanche, l'amélioration de la conception d'un véhicule constituerait un projet bien plus difficile à traiter. Dans le cas, les variables intervenant dans l'optimisation sont tellement nombreuses et correlées qu'il devient rapidement difficile de contôler leurs impacts sur les sorties. On tombe encore une fois dans le piège de l'optimisation d'une seule variable. Or, dès que les variables sont liées et correlées comme c'est le cas dans la production (très fortes corrélations entre le coût, la qualité, cycle de production, tâches des opérateurs…), l'outil perd rapidement de son efficacité, d'où la nécessité, encore une fois, d'une approche globale des systèmes de production en vue de leur amélioration.

5. Les systèmes d'information

Les systèmes d'information jouent un rôle critique dans la production mettant en relations les différentes fonctions de l'entreprise, telles que le développement produit et la production, ou l'entreprise et ses partenaires (clients, fournisseurs…). C'est à n'en pas douter le sujet d'un ouvrage entier. Nous nous contenterons ici d'analyser le rôle du système d'information dans le contrôle de la production.

À
mémoriser

La clé du contrôle de la production est la communication.

En effet, pour éviter la rupture des stocks, leur accumulation ou l'incapacité à répondre exactement à la demande des clients en termes de quantité et de variétés souhaitées, il est impératif d'établir un système de communication qui permette le contrôle de la production. Le terme contrôle signifie ici que tout opérateur, toute station de travail, toute cellule, doivent savoir à tout moment quand lancer la production, quand l'arrêter, quel type de produit faire et quel volume produire. Ces informations sont nécessaires et suffisantes pour le contrôle du système de production. Comme la seule source d'information au sein du système de production provient du client, le requis principal pour le système d'information est de bien communiquer et traduire cette demande du client final au sein du système de production, pour qu'au final cette demande soit satisfaite. Ce raisonnement produit deux résultats immédiats :

1 - Un système kanban permet un contrôle efficace d'un système de production. En effet, un tel système permet de communiquer, à chaque station de travail, la quantité et le type de produit, et le signal de démarrage de la production. Mais l'autre attrait du kanban réside dans sa simplicité : en remontant l'information avec de simples cartes spécifiant

la demande des processus aval, et donc les produits à fabriquer par les processus courants, on arrive facilement et simplement à répondre à la demande du client final.

2 - La mise en place d'un système d'information n'implique pas l'utilisation de matériel informatique sophistiqué. Un système kanban établit un contrôle robuste de la production. Certes, l'utilisation de réseaux et de serveurs permet d'accélérer la communication des messages (quantités, modèles, signaux de démarrage de la production…) entre les différentes composantes du système, mais cela n'est que secondaire par rapport au vrai requis du système d'information. Il est ainsi impératif de séparer les objectifs (contrôle du système de production) des moyens (le système informatique). Le mélange entre les uns et les autres explique pourquoi les objectifs dans certains cas ne sont pas atteints et pourquoi la mise en place de tels systèmes informatiques crée des problèmes plus compliqués que les problèmes originaux que ces systèmes étaient censés résoudre.

Pour résumer

La liste des outils décrits dans ce chapitre n'est que partielle, bien d'autres ont été développés par le passé ou feront certainement leur apparition dans le futur pour résoudre des problèmes particuliers de la production. Grâce à ces quelques exemples, nous avons toutefois pu illustrer que les moyens, par leur attrait, deviennent trop souvent eux-mêmes des objectifs alors que les objectifs originaux sont souvent perdus. En outre, ces pratiques ne font qu'améliorer des opérations particulières, l'optimisation globale avec une vue « système de production » en étant généralement absente.

3

Vers l'élimination du gaspillage : de la conception par ateliers spécialisés à la conception cellulaire

Quelle perspective dans ce chapitre ?

Ce chapitre présente et compare deux approches de la conception des systèmes de production : la conception par ateliers spécialisés et la conception cellulaire. L'objectif qui lui est assigné est double : tout d'abord, comprendre les différences entre ces deux types de conception, puis, dans la mesure du possible, en faire une analyse qualitative. Une comparaison sera établie entre deux usines produisant le même produit, mais utilisant deux systèmes de production différents. L'étude mettra en évidence aussi bien la conception du système d'assemblage du produit final que les environnements de fabrication où les composants utilisés dans l'assemblage final sont usinés.

1. Production de masse et production en cellules liées

Les systèmes de production de masse utilisent une organisation par ateliers en lots avec files d'attente pour la fabrication et l'assemblage des pièces. Les systèmes en cellules liées s'appuient quant à eux sur des cellules intégrées pour la fabrication et l'assemblage des mêmes pièces. Les cellules recourent à des machines et des équipements qui ont été spécifiquement conçus pour une approche cellulaire de la production. Le flux des matériaux dans la cellule est conçu pour progresser au temps de cycle de la demande du client final.

En quelques mots — L'étude qui suit compare les caractéristiques de conception des systèmes de production de masse et des systèmes en cellules liées. L'objectif est de comprendre pourquoi la conception des systèmes en cellules liées permet l'élimination complète du gaspillage et l'optimisation des performances de la production.

La figure 3.1 représente le modèle utilisé par Toyota pour enseigner la conception des systèmes de production à son personnel. Il est très difficile de comprendre la conception du système de production Toyota en n'observant que ce modèle. En revanche, en analysant plusieurs entreprises qui ont mis en place des systèmes de production au plus juste avec succès, il devient plus facile de comprendre les principes de conception du système de production Toyota (TPS). C'est l'un des objectifs de ce chapitre.

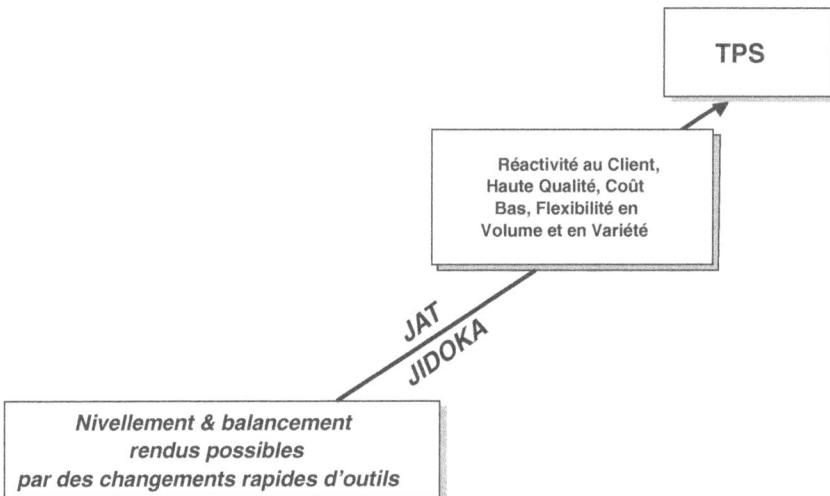

Figure 3.1 : Modèle de conception du système de production de Toyota

Avant de se lancer dans une comparaison des deux conceptions d'usine, il convient d'abord de définir la notion d'équilibre de la production. Dans un système cellulaire, chaque cellule opère au rythme de la demande du client final. Le cycle unitaire de la demande du client reflète le rythme de l'arrivée de la demande ; par exemple, le client peut demander en moyenne une unité d'un produit donné toutes les 60 secondes. Le but de la conception en l'occurrence est que le système qui sera mis en place opère exactement au rythme des ventes ; on dira alors que la production est en équilibre. Dans un tel système, chaque machine dans chaque cellule est conçue pour opérer au cycle unitaire de la demande, et pas plus rapidement que ce cycle. Par conséquent, les machines conçues dans un système à cellules liées sont très différentes des machines des systèmes de production de masse. Dans les deux sections qui suivent, on comparera deux usines produisant des crémaillères de systèmes de direction des automobiles pour trois usines différentes d'assemblage de véhicules. La comparaison est faite en deux parties. Dans une première partie (la section qui suit), les zones d'assemblage dans les deux configurations sont comparées puis, dans la seconde partie (la section suivante), les zones d'usinage produisant les diverses composants pour la zone d'assemblage seront comparées et les différences qu'elles présentent seront analysées.

2. Zones d'assemblage des usines de production de masse et de production cellulaire

2.1. Assemblage dans le système de production de masse

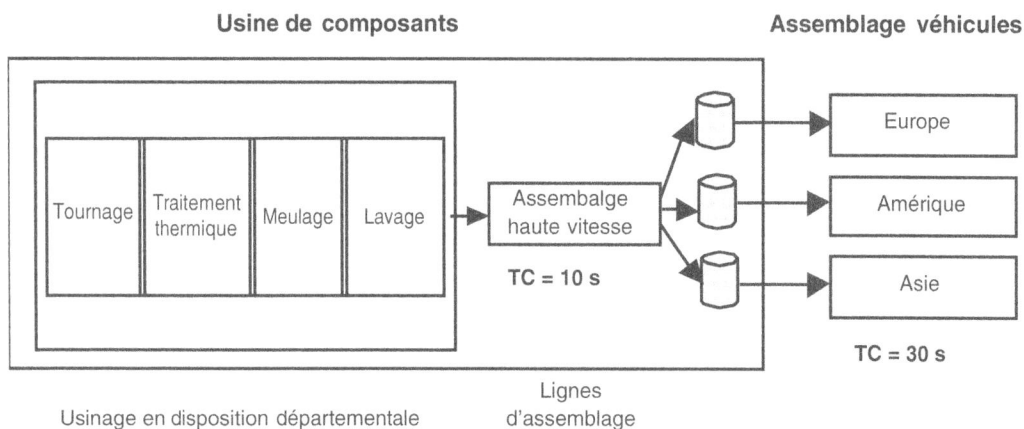

Figure 3.2 : Exemple d'un système de production de masse

La figure 3.2 illustre un système typique de production de masse. Ce système n'est généralement pas en équilibre. Une ligne d'assemblage de composants ultra-rapide qui produit dans un cycle de dix secondes alimente trois usines d'assemblage de véhicules dans trois continents différents, chacune de ces usines ayant un cycle de trente secondes (production de deux véhicules chaque minute). Comme les crémaillères faites par la ligne d'assemblage sont construites selon un cycle de dix secondes, le système peut sembler *a priori* en équilibre mais, comme on le verra, ce n'est pas le cas. De plus, l'usinage des composants qui interviennent dans l'assemblage est organisé dans une disposition départementale. Toutes les machines d'une activité donnée sont groupées dans l'atelier correspondant, toutes les activités de tournage sont faites dans l'atelier de tournage, toutes les activités de meulage sont faites dans l'atelier de meulage, et ainsi de suite.

Pourquoi une telle configuration ne serait-elle pas équilibrée ? Les différents ateliers ont une capacité suffisante pour produire à la demande de la ligne d'assemblage ultra-rapide. Ce système par ateliers est supposé produire 2520 unités par équipe, ce qui équivaut à la demande de la ligne d'assemblage des composants dans l'usine. La capacité d'usinage a été réglée pour répondre à la demande de la ligne d'assemblage de l'usine. Donc, à première vue, le problème est loin d'être un problème de capacité.

Pour produire au cycle unitaire de la demande client, ou au rythme client, la première question à poser est la suivante : « Qui est exactement le client de l'atelier d'usinage ? » C'est le département d'assemblage des composants. Il est donc important de noter que l'usinage devrait produire au rythme de la chaîne d'assemblage. Le département d'usinage devrait être reconfiguré en des cellules qui fonctionnent exactement au rythme d'assemblage. La question suivante est celle-ci : « L'assemblage de composants est-il en rythme avec son client ? » Apparemment, la planification et l'ingénierie ont agrégé la demande des trois usines d'assemblage de véhicules dans un programme unique de planification des besoins pour produire 1,4 million d'unités par an pour l'ensemble des trois usines d'assemblage. En réponse à ce besoin, les ingénieurs ont construit une chaîne d'assemblage, basée sur la demande du programme. Après des calculs, ils décidèrent que dix secondes devraient être le « le cycle unitaire de la demande client ».

2.2. Assemblage en configuration cellulaire

En quelques mots Les dirigeants croyaient que leur usine produisait au plus juste parce que leurs ingénieurs avaient calculé un « cycle de la demande client » de la chaîne d'assemblage. Cependant, une des exigences de base de la production au plus juste : l'équilibre entre les différents composants du système de production, faisait défaut.

Si l'usine de production de masse était réellement équilibrée, au lieu d'une chaîne d'assemblage ultra-rapide alimentant trois usines d'assemblage de véhicules, il aurait dû y avoir trois chaînes d'assemblage, chacune alimentant son usine d'assemblage de véhicules. Cette approche est illustrée dans la figure 3.3, laquelle associe chaque chaîne d'assemblage à son client.

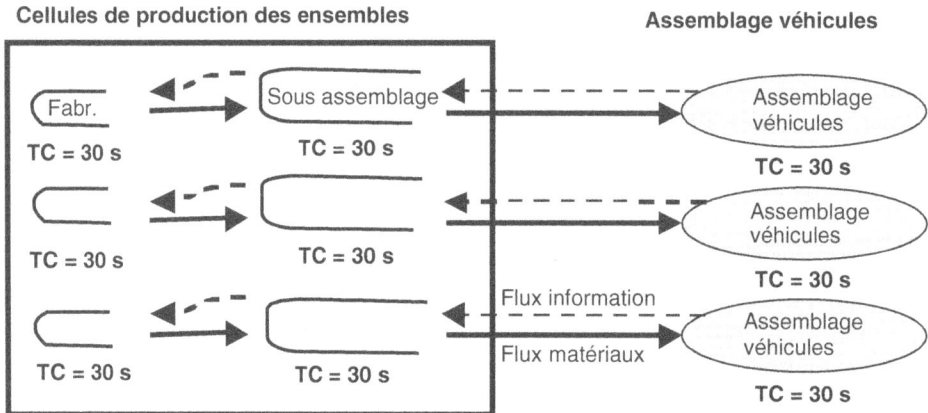

Figure 3.3 : Organisation cellulaire de la production

La production au plus juste avec des cellules liées a par ailleurs un impact majeur sur les niveaux des stocks. Dans le système de production de masse, pendant que la chaîne d'assemblage ultra-rapide produit pour une usine d'assemblage de véhicules, les deux autres usines d'assemblage tirent les composants de leurs stocks respectifs. Remémorons-nous ce que Toyota avait affirmé en 1948 : l'objectif ultime d'un système de production est de produire à la demande réelle. Tirer des composants de stocks pour alimenter deux usines d'assemblage alors que la chaîne d'assemblage produit pour une seule usine d'assemblage de véhicules n'est en aucun cas un système de production à la demande réelle. Il s'agit là d'une stratégie qui ajoute du gaspillage au système au lieu de l'éliminer. À l'inverse, le système de production à cellules liées de la figure 3.3 a été conçu quand la première usine d'assemblage de véhicules cliente a été construite. La cellule d'assemblage dans l'usine au plus juste a été construite pour alimenter l'usine d'assemblage de véhicules en fonction du rythme de cette dernière. D'une manière similaire, une cellule d'usinage a été conçue et construite pour fonctionner au même rythme que son client, c'est-à-dire la cellule d'assemblage.

À
mémoriser

L'équilibre et l'harmonie entre le client et le fournisseur sont l'une des caractéristiques clés des systèmes à cellules liées. Le système est en équilibre parce que le cycle de transformation à tout point du système repose sur la demande du dernier client de la chaîne, et non pas sur une demande agrégée de multiples clients.

Dans une cellule, le produit progresse selon la séquence d'opérations nécessaires pour sa transformation. Une crémaillère est complètement faite dans sa cellule d'assemblage. Plusieurs avantages résultent de l'association de chaque cellule d'assemblage à une seule usine d'assemblage de véhicules. Tout d'abord, il devient possible de produire à la demande réelle du client sans avoir recours à une production anticipée. Ensuite, il est possible de réduire les stocks aux plus bas niveaux concevables. Des niveaux très bas de stocks permettent, à leur tour, une réaction quasi immédiate aux problèmes du système, parce que plus bas sont les stocks, plus court serait le temps de réserves en produits finis et stocks intermédiaires, et, par conséquent, plus court serait le délai de détection et de réaction aux perturbations. Le second avantage stratégique en faveur de la mise en place d'un système à cellules liées réside dans la capacité à gérer la diversité des produits tout en contrôlant la complexité du système. Ce type de systèmes, en effet, est capable de produire plusieurs types de produits dans une seule cellule avec de très petites dimensions de fonctionnement. Un des impératifs les plus importants pour accommoder plusieurs variétés de produits est la réduction du temps de changement d'outils. Cette conception d'usine peut parfaitement répondre à cet impératif.

Du point de vue commercial, quand un autre client est ajouté à cette usine, provoquant une augmentation de la demande, un autre système à cellules liées peut être ajouté. Répliquer le système est avantageux en ceci que son bon fonctionnement est connu *a priori* ; il peut donc être amélioré. Chaque fois que la cellule est reproduite, davantage de connaissances sont acquises et appliquées pour plus d'améliorations. Malheureusement, ce système peut également présenter certains inconvénients. Si une usine d'assemblage de véhicules est construite pour faire un certain modèle de véhicules par exemple, et que, par la suite, les niveaux de ventes montrent que les clients ne l'apprécient pas, ce système comporte de très hauts risques. Cependant, si l'usine d'assemblage est installée pour faire plusieurs modèles différents de véhicules, dont plusieurs à succès, alors le niveau de risque est réellement minimisé car un système en cellules liées est normalement capable de gérer la diversité des modèles. L'inconvénient le plus évident de ce système paraît être la valeur des investissements. Avec trois cellules d'assemblage au lieu d'une chaîne d'assemblage ultra-rapide, il y a maintenant trois machines au lieu d'une. Le bon sens nous dicte qu'une machine dans une chaîne d'assemblage ultra-rapide est un meilleur « marché » que trois. Il nous dicte aussi que plus de machines impliquent davantage d'investissements.

2.3. Comparaison des deux configurations d'assemblage

Dans cette section, nous allons comparer et analyser les zones d'assemblage des deux usines en termes de performance. À cet effet, l'analyse ne se réduit pas aux coûts des machines mais prend en compte tous les paramètres de la performance. Cela inclut la main-d'œuvre directe, le temps de production, les stocks, à la fois intermédiaires et ceux des produits finis, la qualité et la réactivité. Mais avant d'analyser les deux approches de production, il convient d'introduire quelques notions liées à la conception et la gestion des systèmes de production. Le principe fondamental d'un système de production en cellules liées est l'alignement du cycle de la production sur le cycle unitaire de la demande client, dont découle en principe une harmonie complète entre la production et la consommation des clients. En moyenne, le système produit exactement ce qui est demandé et s'aligne rapidement sur la demande si cette dernière change. Le cycle unitaire de la demande client est, tout d'abord, calculé et déterminé, ce qui n'est pas le cas avec un système par ateliers où la demande de tous les clients est agrégée. Puis ce cycle se répercute en amont tout le long de la chaîne d'approvisionnement.

$$\text{Cycle de la demande client} = \frac{\text{Temps journalier disponible}}{\text{Demande moyenne jornalière}} \quad \text{(Équation 3,1)}$$

L'équation 3.1 montre le calcul du cycle unitaire de la demande client. Ce dernier peut être défini comme le temps disponible pour la production journalière divisé par la demande journalière moyenne. Le cycle unitaire de la demande client s'exprime en unité de temps par unité de produit, ce qui représente le temps au bout duquel une unité doit être produite et délivrée au client. Avant de comparer les performances des deux systèmes d'assemblage, examinons au préalable les caractéristiques de la ligne d'assemblage ultra-rapide. On note tout d'abord que la ligne opère en un cycle de dix secondes. La surface au sol utilisée est relativement grande, plusieurs dizaines de mètres carrés. Que font les opérateurs sur la ligne ? Ils attendent, et attendent beaucoup sans se déplacer de leurs postes. Un transporteur déplace les composants d'une opération à l'autre. Certaines opérations sont complètement automatisées, d'autres sont restées manuelles. Qu'en est-il des tâches des opérateurs à chaque opération manuelle ? Les opérateurs ont seulement dix secondes de travail. C'est un cas de division extrême de travail . Qu'est-ce qu'une personne peut faire en dix secondes ? Très peu de choses. Les opérations d'assemblage manuelles sont devenues des tâches à la volée.

Le travail de groupe n'est ainsi pas encouragé et les ouvriers sont déshumanisés et traités comme les machines ; cela explique en particulier pourquoi une telle usine était fortement syndicalisée. On comprend aussi aisément pourquoi les opérateurs sont satisfaits lorsqu'une opération s'arrête temporairement, leur permettant de faire une pause. Suite à des décisions syndicales, les opérateurs les plus anciens avaient les tâches les plus faciles sur la ligne ; quant aux nouveaux opérateurs, ils avaient les tâches les plus difficiles, celles qui comprennent une plus grande charge de travail. Il y a un autre phénomène inhérent à une ligne de production de masse. Afin de pouvoir rallonger les pauses, quelques opérateurs construisent à l'avance leurs assemblages et peuvent ainsi profiter de pauses plus longues. Rien, en fait, n'incite à harmoniser les tâches de production. Les opérateurs sont cantonnés dans des îlots de processus élémentaires. Un opérateur peut construire à l'avance son stock parce son travail ne lui prend que six à sept secondes, situation qui découle de la difficulté traditionnelle d'équilibrage de la ligne du point de vue de l'ingénierie industrielle. Le but de l'équilibrage de la ligne est d'avoir dix secondes de travail manuel à chaque station mais, pour différentes raisons, cela est pratiquement impossible à atteindre.

La zone de vérification, où les produits sont vérifiés avant l'envoi à la zone de stockage, est complètement isolée des autres zones de production. Huit contrôleurs y travaillent en parallèle. Une boucle de rétro-action permet la rectification et la réparation des produits défectueux. En d'autres termes et plus simplement : c'est du gaspillage institutionnalisé. Les défauts sont acceptés en tant que tels et exigent rectification et réparation. Pour supprimer la boucle de rectification et de réparation, il faudrait jeter les produits défectueux, mais cela n'est pas en soi une très bonne solution car cela équivaudrait à ne pas pouvoir répondre complètement à la demande des clients ; en effet, le cycle de production est à peine suffisant pour répondre à la demandes des usines d'assemblage de véhicules. Dans l'approche cellulaire, il se sera montré que, quand le cycle unitaire de la demande client est augmenté à trente secondes, d'énormes avantages peuvent être récoltés, tels que l'élimination des boucles de rectification et de réparation. La vérification est faite dans une ligne synchrone. Cela signifie qu'aucun stock intermédiaire n'existe avant et après la vérification, qui se fait donc en temps réel. On économise ainsi le temps de chargement/déchargement du produit dans la machine qui serait possible dans une vérification en série. Or comme le montage et le démontage du produit requièrent chacun quatre secondes, un traitement en série laisserait seulement deux secondes pour le traitement effectif. Cela semble *a priori* être un processus ultra-rapide et quasi irréalisable, mais comme le cycle unitaire de la demande client doit être atteint, la vérification synchrone, beaucoup plus coûteuse, est implémentée, davantage de contrôleurs doivent être utilisés, et, vous l'avez sans doute deviné, à 50 000 $ chacun ! Ainsi, les inconvénients d'un cycle très court deviennent de plus en plus clairs. Premièrement, les opérateurs sont isolés à leurs postes, ce qui entraîne un manque de collaboration et d'esprit d'amélioration. Deuxièmement, les boucles de rectification sont nécessaires et doivent être intégrées pour traiter les produits défectueux. Troisièmement, un investissement considérable dans le trafic et la logistique de flux de la ligne est nécessaire. Quatrièmement, les machines doivent fonctionner en parallèle pour éviter le temps très coûteux de chargement et de déchargement. Si ce système devait être amélioré alors seules des améliorations opérationnelles seraient possibles du fait de la conception du système déjà établie qui est très difficile à modifier.

À mémoriser
> Il est très important qu'un système de production soit conçu dans un esprit de flexibilité qui facilite les améliorations futures.

Analysons maintenant le système d'assemblage formé de cellules de trente secondes de cycle de production (voir figure 3.4). Dans cette disposition, la surface utilisée est relativement plus réduite. Remarquons aussi que les cellules sont configurées en boucles semi-fermées. Que font les opérateurs dans ces cellules ? Chaque opérateur fait fonctionner en réalité plus d'une machine, et souvent plusieurs. Chaque opérateur peut voir et, éventuellement, aider les autres. Si l'opérateur C, par exemple, rencontre un problème dans ce système, l'opérateur D se déplacera vers son poste pour l'aider ou même faire son travail. En réalité, dans ce système, tous les opérateurs sont entraînés à toutes les fonctions de tous les postes. De plus, ces mêmes opérateurs changent de fonctions dans le système à raison d'une fois toutes les deux heures, ce qui réduit la monotonie du travail. Cette monotonie étant brisée par la multitude des tâches qu'ils exercent déjà contrairement à leurs collègues de la chaîne d'assemblage ultra-rapide qui n'en exercent qu'une.

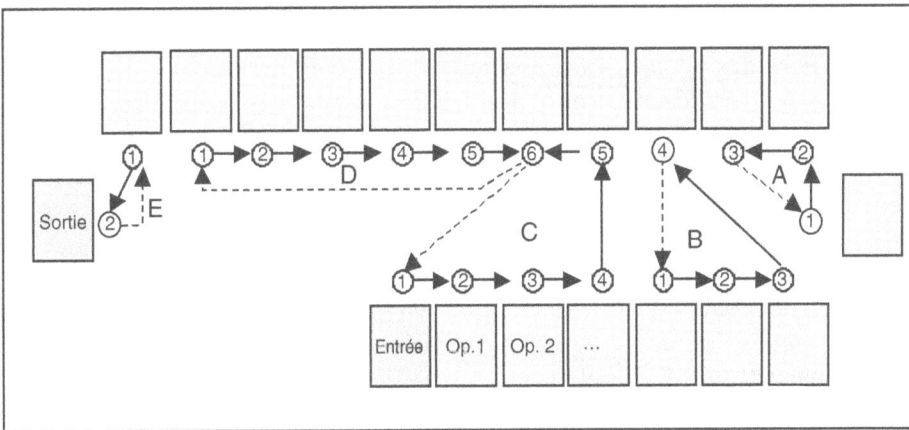

Figure 3.4 : Assemblage utilisant les cellules

Si un opérateur s'absente pour une raison ou une autre, la configuration des boucles de travail peut être adaptée pour fonctionner à un rythme plus bas sans que la production ne soit interrompue. Cela n'est pas le cas lors de l'absence d'un opérateur dans la chaîne d'assemblage ultra-rapide. L'environnement dans un système en cellules liées favorise ainsi le travail en équipe et encourage l'esprit de groupe. Le chef d'équipe dans un tel système est toujours présent sur le terrain et a en quelque sorte un rôle de secouriste, remplaçant les opérateurs qui sont obligés de s'absenter ou qui sont, pour une raison ou une autre, en retard par rapport au rythme de la demande client. Par contraste, dans la ligne d'assemblage ultra-rapide, le chef d'équipe reste dans son bureau et, dans le meilleur des cas, joue un rôle de contrôle, vérifiant, sans aucune pro-activité, que les opérateurs ont bien accompli leurs tâches. Dans un système à cellules liées, à la manifestation de la moindre perturbation, tous les opérateurs dans la cellule sont immédiatement informés. Comme ils sont tous compétents et connaissent toutes les opérations, le problème peut être rapidement résolu, plus rapidement que dans le cas d'une disposition en ligne d'assemblage rapide.

La rectification et la réparation ne sont plus institutionnalisées et sont considérées comme des opérations exceptionnelles. Par conséquent, l'usine avec des cellules liées produit uniquement cinq unités défectueuses par jour, alors que dans l'usine de production de masse jusqu'à 20 % des pièces produites sont défectueuses. Une explication possible à ce résultat peut se trouver dans le fait que le contrôle de qualité et l'inspection sont intégrés dans les cellules et ne le sont pas dans un département séparé. Dans la disposition en cellules liées, tous les tests de vérification et de contrôle de qualité sont intégrés dans les cellules.

Comme les mêmes opérateurs qui opèrent dans les cellules sont aussi responsables des contrôles et des tests, les résultats de ces derniers sont immédiatement traduits dans des actions. Les tests ne sont pas enterrés dans un département isolé. Ici, les vérificateurs sont capables de fonctionner en série parce que le temps de cycle est plus long. Par conséquent, l'opération de test est subdivisée approximativement au travers de six machines : fuite d'air, premier polissage, deuxième polissage, première fuite de l'huile, deuxième fuite de l'huile, test de chargement.

Afin de produire dans la disposition cellulaire le même volume que dans la ligne de production de masse, plusieurs cellules devront être construites. Une main-d'œuvre directe supplémentaire devra donc être ajoutée. Cependant, comme les machines utilisées dans les cellules sont plus petites et plus économiques, l'investissement en termes d'équipement est réduit dans l'usine à cellules liées. De plus, dans la ligne ultra-rapide, les machines sont soit complètement automatisées, soit entièrement manuelles. Les machines dans la ligne en cellules sont semi-automatisées. Ce type de machines peut exiger de l'opérateur qu'il charge le produit et déclenche le fonctionnement de la machine en appuyant sur un bouton, ou au moyen d'un geste similaire. Une fois ce geste accompli, la machine traite le produit en question automatiquement. Cela permet une séparation complète entre l'homme et la machine. L'opérateur peut charger le produit dans la machine, démarrer la machine, se déplacer vers une autre machine et accomplir une autre tâche. Par contraste, la ligne de production de masse est soit complètement automatisée, soit pas du tout.

À savoir

La logique de la production de masse est l'optimisation des opérations et non du système global. À défaut de concevoir des systèmes de production optimaux, on optimise les opérations. Il est, en effet, plus simple et plus facile de raisonner en termes d'opérations qu'en termes de système global.

En outre, on n'obtient que ce qu'on mesure. L'usine de production de masse est basée sur la minimisation du coût de la main-d'œuvre directe, ce qui explique pourquoi on s'intéresse tant aux opérations. Les résultats de la comparaison du système de production de masse et du système cellulaire sont montrés dans la figure 3.5 ci-après :

Élément de comparaison	Cellules liées	Système d'assemblage de masse
Superficie	1	1,1
Stocks intermédiaires	1	1,37
Cycle de production	1	2,42
Investissements	1	1,24
Produits défectueux	1	1,25
Main-d'œuvre directe	1	0,7
Produits sans défauts par heure-homme	1	0,99

Figure 3.5 : Comparaison des zones d'assemblage de masse et en cellules liées

La comparaison numérique met en évidence les points suivants : la main-d'œuvre directe est approximativement 30 % inférieure dans le système de production de masse par rapport au système à cellules liées. A-t-on obtenu ce qu'on a mesuré en se focalisant sur la main-d'œuvre directe ? En ne regardant que ce chiffre, la réponse serait oui, mais, en réalité, c'est loin d'être le cas. Le système cellulaire utilise trois cellules d'assemblage qui fonctionnent en un cycle de trente secondes. La ligne ultra-rapide fonctionne, quant à elle, en un cycle de dix secondes. Par conséquent, les deux systèmes ont, en principe, la même capacité de production, mais, il y a en apparence plus de main-d'œuvre directe dans le système cellulaire.

Regardons un autre indicateur qui, du point de vue économique, est plus significatif. Il s'agit du nombre des unités produites sans défaut par heure-homme, en comptant le temps supplémentaire, les réparations et les rectifications. Bien que la ligne de production de masse utilise moins de main-d'œuvre directe, le nombre d'unités produites sans défaut par heure-homme est équivalent dans les deux systèmes. Cela s'explique par le fait que le système à cellules liées permet moins de rectification et de réparation. La main-d'œuvre de ce système est utilisée majoritairement dans la production de bons composants et non dans la réparation des composants défectueux. Le système à cellules liées est ainsi plus efficace dans la production des résultats attendus.

De plus, les niveaux de stocks sont relativement bien plus élevés dans le système d'assemblage de masse. Une expression populaire dans le monde de la production affirme que, plus il y a de stocks, moins les composants voulus seront disponibles. Cela est vrai car des niveaux de stocks élevés signifient une déconnexion entre le système de production et les vraies demandes des clients, et impliquent du travail supplémentaire pour répondre à la demande réelle des clients.

Bien que l'utilisation des machines dans le système de production de masse soit bonne pendant la semaine, des heures supplémentaires sont nécessaires pour répondre aux besoins du client. Les heures supplémentaires pendant les week-ends annulent toutes les économies de main-d'œuvre directe réalisées pendant la semaine. Par conséquent, la connaissance du client et la production à sa vraie demande ont un avantage certain. Il en est de même pour la production dans un cycle raisonnable, par opposition à un cycle de dix secondes dans la ligne ultra rapide. Selon le type de processus en question, un cycle aux alentours de trente à soixante secondes est optimal dans la plupart des cas. Si le cycle de la cellule est plus court, les opérateurs sont en course permanente contre le temps et sont complètement déshumanisés. Un gros effort d'automatisation serait alors nécessaire. Avec un cycle plus long, au-delà de dix minutes environ, les conséquences négatives commencent à faire surface : il y a une limite au nombre de tâches qu'une personne peut faire en restant efficace, sans oublier leurs contenus et sequencements. Par exemple, Volvo utilisait une personne pour assembler une voiture entière ; les opérateurs passaient donc beaucoup de temps à revoir les manuels pour compléter l'assemblage.

En quelques mots

En conclusion, les systèmes cellulaires sont relativement bien plus simples et efficaces. L'investissement en capital est un quart plus élevé dans le système de production de masse que dans un système à cellules liées utilisant trois lignes contre une ligne ultra-rapide. Aussi le système de production de masse produit-il un quart de plus de produits défectueux que le système cellulaire. Il utilise davantage de surface au sol et nécessite aussi plus de place pour les stocks intermédiaires.

Dans la prochaine section, nous allons faire une autre comparaison, cette fois-ci entre les zones d'usinage en disposition départementale et en disposition cellulaire.

3. Zone d'usinage des usines de production de masse et de production cellulaire

3.1. Usinage dans un atelier spécialisé

La disposition des ateliers qui produisent les composants des crémaillères du système de direction nécessite presque un hectare de surface, et les quelques responsables de production qui osent visiter la zone préfèrent utiliser des petits véhicules. Les machines sont groupées dans des ateliers en fonction des processus.

Pour être fabriqués, les composants d'une crémaillère devront passer par plusieurs ateliers : découpage, tournage, brochage, durcissement par induction, détection des fissures (sous-traitée au fournisseur), meulage et lavage. L'objectif d'un système de masse en lots est de réduire les coûts de la main-d'œuvre directe en augmentant l'utilisation de cette dernière. Par exemple, pour réduire le coût de la main-d'œuvre, le temps de cycle des machines est diminué pour fabriquer les produits le plus rapidement possible, ce qui a pour effet d'augmenter artificiellement la productivité des opérateurs. Cependant, comme le cycle des machines est très court, les opérateurs ne peuvent se déplacer pour opérer sur plusieurs machines. Ils sont liés à des machines uniques et perdent leur polyvalence.

3.2. Usinage en disposition cellulaire

Dans l'usine de production au plus juste, les composants de la crémaillère sont faits dans des cellules. La superficie de chaque cellule est de l'ordre de quelques mètres carrés seulement. Plusieurs processus de fabrication sont intégrés dans chaque cellule, tous fonctionnant au cycle de la demande client. Deux opérateurs opèrent dans chaque cellule ; ils sont clairement dissociés des machines et travaillent sur plusieurs postes. Il est maintenant possible de comprendre comment le coût de la main d'œuvre est contrôlé dans la cellule. Chaque opérateur opère sur plus d'une machine dans la cellule. En accumulant plusieurs opérations par homme, des économies de main-d'œuvre sont donc réalisées sans pour autant accélérer le rythme des machines. Une des priorités des ingénieurs de production qui conçoivent les cellules est d'assurer que les opérateurs ont toujours assez de travail pour être occupé la plupart du temps, tout en produisant au cycle de la demande client.

Une perception courante, mais erronée, est de considérer que la production au plus juste n'utilise aucune automatisation. En réalité, l'automatisation est parfois utilisée mais uniquement quand c'est approprié. Ainsi, pour répondre à un cas particulier, des ingénieurs de Toyota ont complètement automatisé une partie d'une cellule parce qu'ils voulaient la faire fonctionner avec deux opérateurs uniquement. Cette information a de quoi impressionner car elle implique que les ingénieurs de fabrication savent exactement le contenu de travail qui serait exigé des opérateurs avant qu'ils n'aient acquis les machines et installé la cellule. L'usage dans les systèmes de production de masse veut que l'on acquière dans un premier temps toutes les machines et que, dans un second temps, les ingénieurs de production calculent le nombre d'opérateurs nécessaires. L'impératif de conception des machines dans le cadre des systèmes cellulaires de Toyota était ici d'avoir seulement deux opérateurs dans la cellule, quitte à automatiser certaines opérations. Il faut aussi noter que, généralement, ni les tests ni l'assemblage ne sont automatisés dans les systèmes cellulaires. Seules les tâches simples, telles que le perçage et le découpage, le sont. Cela permet une réduction des investissements dans des machines coûteuses.

3.3. Comparaison des deux dispositions d'usinage

Nous allons donc comparer les performances des deux systèmes d'usinage qui viennent d'être décrits : le premier organisé en ateliers spécialisés, l'autre utilisant plusieurs cellules. Plusieurs facteurs sont pris en considération lors de la comparaison. Les résultats de cette dernière sont montrés en figure 3.6.

Élément de comparaison	Cellules liées	Système d'usinage de masse
Superficie	1	1,7
Stocks intermédiaires	1	80
Temps de fabrication	1	117
Investissements	1	1,20
Composants défectueux	1	4
Main-d'œuvre directe	1	0,8
Produits sans défaut par heure-homme	1	1,03

Figure 3.6 : Comparaison des zones d'usinage de masse et en cellules liées

Bien qu'il y ait trois cellules dans le système cellulaire, il requiert 17 % moins d'investissements lors de son implémentation en comparaison avec le système d'usinage de masse. De plus, les stocks intermédiaires sont approximativement quatre-vingts fois plus importants dans l'usine de masse par rapport à l'usine cellulaire. Le cycle de production – le temps nécessaire à une unité du produit pour progresser de la première à la dernière opération – est cent dix-sept fois plus long dans l'usine organisée par ateliers. Il faut approximativement une semaine au produit pour progresser à travers les différents ateliers d'usinage, et ce, sans compter le temps que le produit passe chez le sous-traitant pour la détection d'éventuelles fissures. Par ailleurs, relativement à l'usine au plus juste, l'usine de production de masse produit quatre fois plus de composants défectueux. Enfin, l'usine de production de masse fonctionne avec moins de main-d'œuvre directe, mais la proportion des composants sans défaut par heure-homme est pratiquement équivalente dans les deux systèmes. Cela est dû aux problèmes de productivité et de qualité dans l'usine de production de masse.

Bien que les coûts généraux ne puissent pas être mesurés, on pourrait affirmer sans aucun doute qu'il y a plus de main-d'œuvre indirecte consacrée à la gestion des différents départements de l'usine de masse que dans l'usine conçue en cellules liées.

Les systèmes de production de masse sont sujet à un autre phénomène : l'incapacité à réguler l'intensité de la demande. Ainsi, soit le système fait face une grande demande spontanée et les opérateurs sont trop occupés, soit il n'y a aucune demande et les opérateurs sont au repos complet. Les enseignes de restauration fournissent un bon exemple de ce phénomène : pendant la période du déjeuner, plusieurs employés sont nécessaires pour satisfaire la demande placée sur le système, alors qu'il suffit de quelques employés pour répondre à la demande le reste du temps (FORRESTER, 1961). Ce phénomène est facilement résolu dans les systèmes en cellules liées. Il suffit pour cela d'ajouter ou supprimer des opérateurs dans les cellules pour adapter leur cycle à celui de la demande du client.

Enfin, on peut s'appuyer sur un dernier élément de comparaison : comme les machines fonctionnent plus lentement dans la disposition cellulaire, les efforts nécessaires pour accomplir les différentes opérations telles que le coupage et le pressage sont moins forts ; cela se traduit par une durée de vie des machines plus longues et des coûts d'entretien moins élevés, ce qui contribue à la réduction des investissements sur le long terme.

En quelques mots

La conception du système en cellules liées permet d'atteindre tous les objectifs du système simultanément : haute qualité, stocks et cycles de production réduits, utilisation optimale de la main-d'œuvre, investissement minimal et capacité à gérer la variation des volumes.

4. Résumé de la comparaison des conceptions des usines

En quelques mots

Un des inconvénients majeurs des usines organisées en ateliers hautement automatisés est sans doute leur structure régide qui ne permet pas l'amélioration et la mise en place des innovations globales sur l'ensemble du système. Les tâches des opérateurs ont été hélas réduites au chargement et déchargement des machines automatiques, leur côté créatif et innovateur étant marginalisé dans ce type d'organisations. Les dispositions cellulaires quant à elles présentent l'intérêt de permettre les améliorations là où elles apparaissent nécessaires.

Un avantage évident de la production au plus juste est l'importance qu'elle accorde à la qualité. L'entreprise est globalement perdante si des produits défectueux sont réalisés et vendus ; les produits défectueux ne devraient pas être fabriqués même s'ils n'apparaissent pas sur les comptes de l'entreprise. Les coûts des garanties ne sont généralement pas très visibles, mais les pertes en termes de parts de marché et d'image de marque sont de vrais indicateurs. Il suffit de considérer l'effondrement des parts de marché de General Motors au fil des années. Bien que cela puisse être lié à d'autres facteurs tels que la stratégie et l'ingénierie des produits, la qualité n'est sans doute pas pour rien dans ce phénomène. Dans les usines de production de masse, l'esprit d'amélioration et de recherche de qualité est tout simplement absent.

Voyons maintenant ce qu'il en est de la gestion des pannes de machines dans le cas des systèmes cellulaires. Un des arguments généralement avancés en faveur des systèmes de production de masse est que, si l'une des machines devient indisponible pour cause de panne, les autres machines du même département accomplissant les mêmes opérations pourront continuer à produire et absorberont le surcroît de travail engendré par la panne. En revanche, si une machine devient indisponible dans une cellule, la cellule entière devient indisponible. Cet argument manque de subtilité. Dans les usines Toyota, si une ligne s'arrête, un avertissement visuel se déclenche dans le bureau des ingénieurs ; ces derniers doivent résoudre le problème le plus rapidement possible et une fois pour toutes. Ici, un inconvénient sur le court terme (arrêt momentané de la ligne) se transforme en un avantage sur le long terme. Dans une organisation cellulaire, les problèmes sont considérés comme autant d'occasions pour procéder à des améliorations permanentes, sans attendre les inévitables problèmes de fiabilité des machines.

En quelques mots

L'un des objectifs des usines au plus juste est de pouvoir détecter et identifier les problèmes dès leur apparition afin de pouvoir les résoudre le plus rapidement possible. Les usines de production de masse sont mises en place exactement de la manière opposée, c'est-à-dire en autorisant l'apparition des problèmes de fiabilité et en organisant la production en conséquence. Les stocks intermédiaires très élevés dans de tels systèmes sont la preuve éloquente de cette vision.

La conséquence la plus négative d'une organisation par ateliers peut être illustrée au moyen de l'exemple suivant, tiré de l'usine produisant les crémaillères : quand certains clients commencèrent à se plaindre d'un problème particulier de qualité, la direction demanda à un groupe d'ingénieurs d'identifier et d'éliminer la cause du problème. Comme les trajectoires de produits n'étaient pas standards et qu'il était pratiquement impossible de tracer et suivre le flux de produits dans le système, les ingénieurs qui cherchaient à résoudre le problème ne pouvaient pas en identifier l'origine réelle. Pour tracer les composants, les ingénieurs entrent dans un ordinateur des codes-barres où des numéros de série qu'ils ont scanné sur les composants, et l'ordinateur essaie de retrouver dans sa base de données les trajectoires des composants et les machines qui ont traité ces derniers. Ce système de suivi coûte une fortune à développer, à maintenir, et nécessite de former les ingénieurs à son utilisation. Par conséquent, bien que ce système de traçabilité paraisse améliorer le système, il génère plusieurs types de coûts, tels que les coûts des équipements et des logiciels et ceux relatifs aux ingénieurs, qui réduisent la performance dudit système. Outre la traçabilité des composants, un autre problème est le temps considérable qu'il faut à un produit pour progresser à travers l'assemblage ; cela rend très difficile l'identification des conditions et des origines exactes des défauts puisque les intervalles de temps en question sont très longs.

En quelques mots

Comme les niveaux de stocks sont bas dans le système à cellules liées, le passage des composants à travers le système est relativement plus rapide. Aussi, on sait que certaines cellules sont dédiées à telles familles de composants selon les clients des cellules en question. Tout cela permet une identification et une résolution immédiate des origines des défauts par les opérateurs, sans aucun recours aux ingénieurs. On voit clairement là un des avantages de l'approche cellulaire.

La minimisation des investissements est sans doute la justification principale de la mise en place d'usines départementales plutôt que cellulaires en flux unitaire. Elle implique la minimisation du nombre de machines, la maximisation de leur utilisation et la minimisation du coût de la main-d'œuvre directe. Hélas, cette optimisation ne tient pas compte de toutes les variables de la production. Il s'agit là d'un mythe conceptuel et financier très loin de la réalité des usines.

Les systèmes de production de masse ont été développés sans prendre en considération, ou très peu, l'aspect humain de la production. En effet, dans de telles structures, chaque opérateur est associé à une machine, ce qui n'encourage pas la collaboration et l'esprit d'équipe. Cette déshumanisation des opérateurs est la cause directe de leur lassitude et de la baisse de leur productivité. Il n'est pas donc très surprenant que les ingénieurs de Toyota puissent affirmer que l'aspect le plus important de leur système est la façon dont les opérateurs sont traités et l'efficacité avec laquelle ils sont utilisés dans le système. Dans les conceptions cellulaires, une équipe de travail voit tous les problèmes de la cellule alors que les opérateurs dans un système de production de masse ne peuvent appréhender qu'une partie réduite du système, celle qui les concerne. Un dernier point tout aussi important : les opérateurs dans les cellules connaissent la théorie fondamentale sur laquelle repose la production au plus juste, mais aussi les raisons de la mise en œuvre d'une organisation de production avec des cellules liées.

Pour résumer

La comparaison du système de production de masse avec celui en cellules liées démontre la supériorité de ce dernier et ce que ce soit dans la fonction d'usinage ou dans la fonction d'assemblage. Cette supériorité est mesurée à la fois avec des paramètres quantitatives (qualité, stocks intermédiaires, cycles de production...) qu'avec des paramètres non tangibles et difficiles à intégrer dans les décisions d'investissement. Cela inclut, la capacité du système à gérer et répondre aux perturbations, la possibilité d'amélioration et de mise en place d'innovations globales, et la gestion humaine des opérateurs et de leurs tâches.

CHAPITRE 4

Les effets des mesures de performance sur la conception des systèmes de production

« Un système de production doit être à l'image d'une équipe d'aviron : le client donne le rythme, toutes les composantes du système fonctionnent à ce rythme, ni plus rapidement, ni plus lentement. C'est seulement à ce moment de résonance avec le client que les performances du système deviennent maximales. »

S. BOUZEKOUK
(Présentation de la production
cellulaire MIT 2001)

Quelle perspective dans ce chapitre ?

Ce chapitre est un exercice de réflexion dont l'objectif principal est de répondre à la question suivante : « Pourquoi les usines sont-elles conçues comme elles le sont ? » On s'appuiera pour ce faire sur un scénario d'investissement en se fondant sur la procédure de la conception des systèmes de production d'une entreprise. Ce scénario permettra de vivre les problèmes que rencontrent les ingénieurs et les dirigeants lors de la conception ou de la restructuration d'un système de production. On mettra notamment en évidence que la pression en termes de coûts pour mettre en place des systèmes départementaux est énorme ; une analyse plus détaillée montrera que les avantages de tels systèmes ne sont qu'apparents et que ceux que réunissent les systèmes en cellules liées font de ces derniers la solution optimale à la conception.

1. Impact de la mesure de la performance sur la conception des systèmes

1.1. L'exercice

Dans cet exercice, on va considérer que l'on fait partie d'un groupe d'ingénieurs en charge de la conception d'un système de production. L'objectif de l'ingénieur est de développer un système de production pour créer deux types de produits : des machins et des trucs. La prise de décision est fondée sur la mesure traditionnelle de la performance : la double minimisation des investissements initiaux et des coûts courants de production (qui sont essentiellement les coûts de la main-d'œuvre). L'intérêt accordé à la réduction du coût unitaire de la main-d'œuvre directe provient essentiellement de ce que, d'une part, les autres coûts sont plus difficiles à mesurer et que, d'autre part, les systèmes de comptabilité sont surtout conçus pour faire apparaître les coûts de la main-d'œuvre. En outre, le fait que les coûts indirects soient alloués proportionnellement au coût de la main-d'œuvre directe accentue la pression pour réduire encore plus le coût de la main-d'œuvre directe.

l'Exemple

Dans cet exercice, on considère une usine produisant des machins et des trucs. Un machin est fait d'une pièce A, et un truc d'une pièce A et d'une pièce B (on suppose ainsi que les pièces A puissent être commercialisées séparément ou assemblées avec des pièces B et commercialisées sous forme de trucs). Il y a deux clients, chacun d'eux demande dix mille unités par mois. Le premier client ne demande que des machins, et le second que des trucs. L'usine opère pendant vingt-deux jours par mois, deux équipes par jour ; le temps réel des opérations par équipe est de sept heures.

La figure 4.1 fournit les informations de traitement pour produire les machins et des trucs.

Types de produits	Machin = pièce A Truc = assemblage d'une pièce A et d'une pièce B
Organisation des opérations	Heures/équipe = 7 Équipes/jour = 2 Jours de production/mois = 22 Total = 18 480 min/mois
Données en pic de demande	Client 1 = 10 000 machins par mois Client 2 = 10 000 trucs par mois
Processus de fabrication	Pièce A : Tournage – Fraisage – Lavage Pièce B : Tournage – Fraisage – Lavage

Figure 4.1 : Données du processus de fabrication des machins et des trucs

1.2. La disposition habituelle en production de masse

Les usines de production de masse sont traditionnellement subdivisées en ateliers selon les différents processus de fabrication et d'assemblage. Par exemple, un atelier de tournage est entièrement dédié aux opérations de tournage, de même pour l'atelier de fraisage, l'atelier de lavage et l'atelier d'assemblage final. De façon typique, les ingénieurs et les achats s'informent auprès des fournisseurs de machines et d'outils au sujet sur leurs dernières créations, en d'autres termes, sur les machines dernier cri avec les technologies les plus sophistiquées qui offrent la plus grande rapidité. Ils reçoivent ensuite des devis pour l'équipement en question. Pour les besoins de l'exercice, on suppose que pour chaque département il y ait trois fournisseurs potentiels : alpha, bêta et gamma. Chaque fournisseur fournit aux ingénieurs les spécifications de ses machines en termes de cycles de traitement et de temps de changement d'outils comme cela est indiqué en figure 4.2.

Tourneurs				
Type de machine	Coût	Temps de changement des outils	Cycle de l'opération (min)	
			Composant A	Composant B
Alpha	$ 300 000	6 h	2	2
Bêta	$ 250 000	6 h	3	3
Gamma	$ 200 000	6 h	4	4

Fraiseurs				
Type de machine	Coût	Temps de changement des outils	Cycle de l'opération (min)	
			Composant A	Composant B
Alpha	$ 600 000	6 h	1	1
Bêta	$ 500 000	8 h	1,5	1,5
Gamma	$ 250 000	3 h	2,5	2,5

Laveurs			
Type de machine	Coût	Taille de lot	Cycle de lavage (min)
Méga	$ 60 000	25	20
	$ 70 000	50	20
	$ 80 000	75	20
Micro	$ 20 000	1	3

Assembleurs			
Type de machine	Coût	Temps de changement des outils	Cycle de l'opération (min)
Alpha	$ 100 000	1 h	5
Bêta	$ 80 000	1 h	7

Figure 4.2 : Spécifications machines

On notera que le laveur Méga lave les composants en lots. Cette machine a des caractéristiques de coûts différentes en fonction de la taille des lots utilisés. Pour dix mille dollars de plus, la machine pourrait laver en lots de taille égale à 50 composants, et pour vingt mille dollars de plus la machine pourrait laver en lots de taille égale à 75 composants. Par conséquent, le taux de production moyen ne peut être augmenté que par des investissements additionnels multiples de 10 000 $. Le temps de changement d'outils pour l'assemblage est d'une heure. La seule contrainte à faire dans cet exercice est que la demande en volume et en variété doit être systématiquement satisfaite chaque mois. Par conséquent, il n'est pas possible de produire que des machins ou des trucs sur l'ensemble d'un mois entier.

l'objectif   L'objectif de cet exercice est de déterminer les machines qui devront être acquises, ainsi que leur nombre, en minimisant l'investissement initial et le coût de la main-d'œuvre directe.

Dans un système de production traditionnel, le nombre des machines à acquérir est donné par l'équation 4.1 suivante :

$$N = T / t \qquad \text{(équation 4.1)}$$

Où N est le nombre de machines, T est le temps total de traitement requis dans un atelier donné, qui comprend les temps de changement d'outils, et t le temps d'opérations disponible par mois. La formule donne le nombre de machines à acquérir pour chaque type de machines. Cette approche conduit à une disposition orientée fonctionnellement par atelier. Considérons l'exemple de l'atelier de fraisage. La fraiseuse alpha, dont le cycle est de 1 minute/pièce, traite 20 000 pièces A, 10 000 pièces B. En conséquence, le temps total, T, pour répondre à la demande agrégée par mois est de 30 000 minutes. En divisant T par le temps total disponible par mois, t, qui est de 18 480 minutes, on trouve qu'entre une et deux fraiseuses alpha seront nécessaires pour répondre à la demande agrégée mensuelle et cela sans compter le temps de changement d'outils. Comme il n'est pas possible d'acquérir une fraction d'une machine, deux fraiseuses alpha seront nécessaires et devront être acquises. Le calcul précédent est répété pour chaque machine considérée. Trois fraiseuses bêta peuvent être acquises pour répondre à la demande, ou alternativement cinq fraiseuses gamma.

la réponse à l'objectif   Comme l'objectif est de minimiser l'investissement initial, les fraiseuses les moins chères du type alpha seront préférées aux fraiseuses bêta et gamma.

La fraiseuse bêta peut être plus fiable. Elle peut avoir un meilleur système de contrôle, de meilleurs roulements, une plus grande rigidité, etc. Cependant, le constructeur de la machine bêta perdra ce contrat si l'on ne considère que le coût initial d'acquisition comme facteur de sélection de machines. Ainsi, pour le prochain contrat, le constructeur de la machine bêta essaiera à tout prix d'augmenter la vitesse de sa machine. En effet, ce serait un énorme avantage compétitif si les clients pouvaient répondre à leurs demandes en utilisant seulement deux machines bêta au lieu de deux machines alpha. Les fournisseurs entrent de cette manière dans un cycle infernal de conception et de construction de machines toujours plus rapides et plus puissantes. D'une manière similaire, les décisions d'acquisition sont faites pour les autres ateliers : tournage, lavage et assemblage. Les résultats de ces décisions sont présentés en figure 4.3. Ce scénario d'acquisition mène à une disposition départementale. En effet, cette approche permet, semble-t-il, d'atteindre un investissement minimal. Est-ce le cas ?

Opération	Type machine	T	t	N = T / t	Nombre de machines	Coût de machines
Tournage	**Alpha**	60 000	18 480	3,24	**4**	**$ 1,2 m**
	Bêta	90 000	18 480	4,87	5	$ 1,25 m
	Gamma	120 000	18 480	6,49	7	$ 1,4 m
Fraisage	**Alpha**	30 000	18 480	1,62	**2**	**$ 1,2 m**
	Bêta	45 000	18 480	2,43	3	$ 1,5 m
	Gamma	75 000	18 480	4,06	5	$ 1,25 m
Lavage	Méga 25	24 000	18 480	1,30	2	$ 0,12 m
	Méga 50	12 000	18 480	0,65	**1**	**$ 0,07 m**
	Méga 75	8 000	18 480	0,43	1	$ 0,08 m
	Micro	90 000	18 480	4,87	5	$ 0,1 m
Assemblage	**Alpha**	50 000	18 480	2,70	**3**	**$ 0,3 m**
	Bêta	70 000	18 480	3,78	4	$ 0,32 m

Figure 4.3 : Solutions de la sélection des machines

Cet exemple illustre la logique de réflexion qui permet de déterminer le nombre des machines qu'il faut acquérir pour aboutir à la capacité requise dans le cadre d'une usine organisée par ateliers. Malheureusement, la plupart des décisions de capacité d'aujourd'hui sont prises de cette manière. De plus, si le nombre de machines à acquérir est basé sur les données T et t, les cycles de traitement des machines qui sont utilisés pour calculer le temps total de traitement, T, ne sont jamais remis en question. Enfin, on peut facilement comprendre que cette approche motive les constructeurs de machines et des outils à augmenter la rapidité de leurs machines.

1.3. Les inconvénients de la disposition habituelle pour la production de masse

A-t-on réellement minimisé le coût total en utilisant l'équation 4.1 ? Et si l'équation indiquait un besoin de 4,1 machines ? L'entreprise pourrait décider d'acquérir quatre machines seulement et utiliser des heures supplémentaires pour réduire l'investissement initial. Ainsi, malgré la minimisation du coût d'investissement initial, plusieurs problèmes font surface : la planification et le contrôle de la production et des niveaux de stocks, la traçabilité des composants défectueux, la prévisibilité des sorties, les heures de travail supplémentaires et le temps des pannes non planifiées (à cause des temps insuffisants de maintenance). La figure 4.4 représente le type d'usine qui résulte du travail de conception décrit dans le paragraphe précédent.

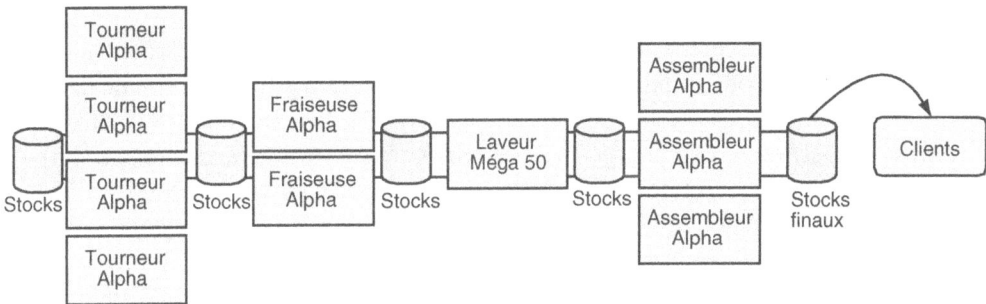

Figure 4.4 : Disposition par atelier pour la production des machins et des trucs

La traçabilité des pièces défectueuses et la possibilité d'améliorer les capacités et les attributs du système de production par le biais de l'identification et l'élimination du gaspillage deviennent très difficiles, voire impossibles, dans une disposition par ateliers. Cette disposition fonctionne avec des niveaux élevés de stocks dus aux retards et aux délais qu'on rencontre naturellement et inévitablement dans de tels systèmes. Comme le cycle de production augmente, l'aptitude à faire des améliorations décroît. Cela est dû au fait que le gaspillage devient invisible. De plus, comme le cycle de production croît, l'aptitude à répondre aux variations de la demande des clients décroît. Au final, le système n'est plus capable de produire le bon produit au bon moment. Afin de réduire le coût unitaire de la main-d'œuvre dans une disposition par ateliers, la solution généralement adoptée consiste à augmenter la vitesse de traitement des machines. Il y a plusieurs hypothèses qui conduisent à une disposition par ateliers. Premièrement, on suppose que le cycle des machines fournies par les constructeurs est fixe. On demande simplement aux constructeurs de faire une offre de prix pour une machine qui accomplit une certaine opération et non pas sur une machine qui respecte un cycle donné. Ainsi, les constructeurs déterminent le cycle de traitement des machines en se basant sur les dernières versions disponibles. Les cycles des machines sont alors utilisés pour calculer le nombre de machines requises en utilisant l'équation 4.1.

On suppose, de plus, que des machines conçues pour produire au cycle de la demande client seraient relativement plus coûteuses. Or, quand une machine est conçue pour ce cycle, sa complexité, et par conséquent son coût, peuvent être réduits. Les incohérences qui existent entre le nombre de machines dans les différents ateliers peuvent être éliminées quand chaque machine est conçue pour opérer dans un cycle égal à celui de la demande client, pré-requis pour la formation des cellules avec des flux à pièce unique.

La dernière hypothèse implicite dans l'équation 4.1 est que l'acquisition des machines à coût minimal, précisément, minimisera l'investissement dans l'usine. La complexité et le coût de la configuration des machines ne sont pas remis en question. L'évaluation divise le temps total de traitement d'un composant, T, par le temps total disponible, t. Le temps de changement d'outils n'affecte pas les résultats de l'équation quand on prévoit un seul changement par mois. Cependant, si le changement d'outils est fait plusieurs fois par semaine, le temps de traitement nécessaire, T, augmente, ou le temps disponible, t, diminue, ce qui, par voie de conséquence, implique le besoin de plus de machines. De plus, un seul changement d'outils par mois signifie qu'on fabrique toutes les pièces d'un type pour ensuite fabriquer les pièces de l'autre type pendant le reste du mois, ce qui implique d'énormes stocks intermédiaires. Ironiquement, les économies faites en termes de machines sont perdues dans le capital immobilisé dans les stocks. Cette approche de la capacité est donc erronée. Une troisième hypothèse, incorrecte elle aussi, est que le temps de changements d'outils serait une donnée externe à la conception, donc fixe et impossible à modifier.

En quelquesmots En résumé, un certain nombre de machines ont été acquises de telle sorte que le coût total de la mise en place d'une usine de production soit minimal (2,77 millions de dollars), sans aucunement tenir compte des autres variables du système de production.

2. L'autre conception : la disposition cellulaire du système de production

2.1. La configuration de la conception cellulaire

Dans la section précédente, nous avons considéré une disposition du système de production par ateliers fonctionnels et nous avons explicité une partie des problèmes sous-jacents à une telle configuration. Dans cette section, nous analyserons autre disposition des stations de travail et des flux des matériaux et de l'information au sein de l'usine. Cette disposition utilise des cellules multifonctionnelles par opposition aux ateliers spécialisés.

Pour réduire le coût d'investissement des cellules, les fournisseurs doivent créer des machines répondant aux spécifications avec un coût minimum. Une de ces spécifications est de pouvoir produire au cycle unitaire de la demande client, défini ci-après.

$$\text{Cycle unitaire} = \frac{\text{Temps disponible/équipe}}{\text{Moyenne de la demande client/équipe}} \qquad \text{(équation 4.2)}$$

Pour déterminer ce cycle, les deux clients doivent être clairement définis : le premier client demande 10 000 machins, et le second 10 000 trucs. Une solution naturelle consisterait à configurer l'usine en deux cellules, l'une produisant des machins, et la seconde des trucs. Si la configuration choisie est d'utiliser deux cellules, le premier client sera fourni par une cellule, et le second sera alimenté par l'autre cellule. Ensuite, il faut déterminer les modes opératoires. Éventuellement, si les cellules fonctionnent avec une seule équipe, alors la capacité pourrait doubler ou tripler par l'addition d'autres équipes pour résoudre les problèmes de variations de la demande. Une fois le mode opératoire choisi, un cycle unitaire de la demande client correspondant à une demande maximale devrait être défini. Par exemple, si ce cycle unitaire de la demande client est de deux minutes, le cycle minimum pourra être fixé à 80 % de deux minutes. Ensuite, si la demande augmente, la capacité des cellules pourrait être augmentée. Trente secondes seraient à peu près le cycle unitaire minimum pour avoir des cellules efficaces. De 50 secondes à 3 minutes serait l'intervalle préféré. Il y a un équilibre à faire entre la complexité des machines et la nature des tâches de chaque opérateur. En effet, quand les tâches deviennent complexes, les opérateurs tendent à oublier le contenu de leur travail. Cependant, certaines entreprises ont réussi à créer des cellules pour produire des moteurs d'avions avec un cycle d'une heure.

Dans tous les cas, il est impératif de définir les clients, ce qui permet de calculer le cycle unitaire minimum de la demande client. Si les demandes des clients étaient agrégées dans une seule cellule, le cycle unitaire de la demande client serait différent. De plus, il est impératif d'avoir des modes opératoires cohérents pour éviter les problèmes de gestion. Dans les usines Toyota par exemple, la fabrication, l'assemblage des sous-systèmes et l'assemblage des véhicules fonctionnent en deux-huit. Les usines occidentales et tout particulièrement américaines font fonctionner la fabrication en trois-huit, l'assemblage des sous-systèmes et des véhicules en deux-huit. L'utilisation d'une organisation en trois-huit dans la fabrication augmente l'emploi des machines et la rentabilité des investissements, du moins d'un point de vue comptable. Toyota utilise un mode opératoire cohérent et harmonieux, et ce sur l'ensemble de toutes les opérations. Cela évite la création de l'équivalent de la production d'une équipe entière en stocks intermédiaires.

Analysons maintenant d'autres configurations de cellules. Nous nous intéressons tout particulièrement à celles qui utilisent une seule cellule par client. Ici, client peut aussi signifier une famille de clients demandant plusieurs produits semblables mais utilisant des pièces sensiblement différentes. La pièce A est une pièce commune entre les machins et les trucs, et donc on a le choix entre la construction d'une ou deux cellules produisant la pièce A pour alimenter la cellule d'assemblage des trucs, ou répondre directement à la demande du client des machins. L'autre option consiste à recevoir la matière première à une extrémité de la cellule et sortir des machins et des trucs à l'autre extrémité. Cela signifie qu'à la fois la fabrication et l'assemblage seront intégrés dans une cellule unique au lieu d'avoir la fabrication de A et B dans une zone et l'assemblage dans une autre. En effet, un opérateur peut occuper une cellule unique fabriquant les composants A et B et les assemblants dans cette même cellule.

À mémoriser

Il y a plusieurs avantages à configurer la fabrication et l'assemblage dans une seule cellule intégrée. Une cellule intégrée évitera notamment les stocks intermédiaires et les coûts liés au transport.

Une des raisons qui pousse à la séparation de la fabrication et de l'assemblage serait l'environnement ; dans le cas de semi-conducteurs, par exemple, la fabrication des processeurs est faite dans des usines dédiées pour des raisons de propreté de l'environnement ambiant. De plus, la taille de l'usine et la limitation de l'espace peuvent empêcher l'intégration de la fabrication et de l'assemblage dans des cellules intégrées.

2.2. Les avantages d'une disposition cellulaire

On considère la solution cellulaire montrée dans la figure 4.5. Elle se compose d'une cellule fabriquant les pièces A et livrant directement des machins au premier client et d'une autre cellul fabriquant des pièces A et B et alimentant un assemblage cellulaire des trucs pour le second client. Etant donné la définition des clients, calculons le cycle de la demande client. Le temps disponible par équipe est de sept heures, ou quatre cent vingts minutes, et la demande client par équipe est de 10 000 divisés par vingt-deux jours divisés par deux équipes. Ainsi, en utilisant l'équation 4.2, le cycle de la demande client est de 1,85 minute par unité. La configutation de la seconde cellule a été installée de telle manière que, si la demande pour les trucs baisse, un seul opérateur puisse faire fonctionner en un seul tour l'ensemble des six machines fabriquant les pièces A et B pour l'assemblage des trucs (par opposition à un opérateur pour trois machines).

*En
quelques
mots*

En résumé, il y a trois opérateurs en fabrication sur deux équipes et un opérateur en assemblage sur deux équipes.

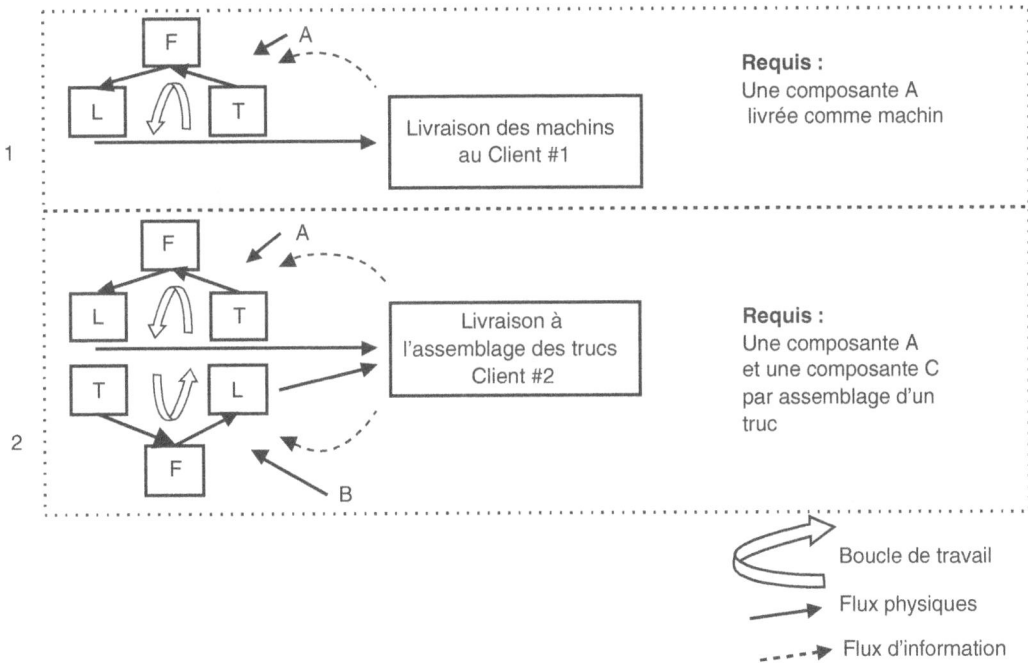

Figure 4.5 : Disposition cellulaire possible organisée par client

La figure 4.6 montre que le travail de l'opérateur et les opérations de la machine sont parallèles. Dans le cas de la cellule du composant A, le tableau montre le temps passé par l'opérateur dans la cellule. Les tâches manuelles représentent le temps nécessaire à l'opérateur pour charger la machine et les intervalles de marche figurent les temps nécessaires pour se déplacer entre les machines. Les lignes des différentes opérations (tournage, fraisage, lavage) symbolisent les temps de traitement automatique des machines. On remarquera qu'une machine fonctionne 25 secondes en manuel et 85 secondes en automatique de telle sorte que l'opérateur puisse accomplir d'autres tâches sur les autres machines pendant ce dernier temps. L'opérateur reste disponible pour 15 secondes (repos), ce qui signifie qu'il y a une capacité additionnelle de son côté. Pour obtenir une meilleure efficacité des opérateurs, il peut être possible d'enlever un opérateur si ce dernier a une très faible charge de travail et de répartir son travail sur les autres opérateurs.

Machine			Tournage		Fraisage		Lavage				Tournage	
Homme	Manuel		Marche		Manuel			Repos	Manuel			
Temps (s)		25	30		55	60		85	95	110		

Figure 4.6 : Diagrammes de tâches standards pour chaque cellule

La configuration adaptée par Toyota consiste à utiliser un grand carré et avoir machines arrangées sur ses côtés. Une multitude de boucles de travail est ensuite organisée à l'intérieur du carré. Avec cette configuration, il est possible, si les volumes deviennent suffisamment bas, d'avoir un seul opérateur pour faire l'ensemble de la boucle de travail de la cellule, opérant jusqu'à 300 machines en un seul tour (cela peut durer longtemps). Cela n'arrivera probablement jamais car il est rare que la demande baisse jusqu'à ce niveau. Cependant, les ingénieurs de Toyota ont l'habitude de considérer toutes les possibilités, même les plus extrêmes. Afin de remédier à une baisse potentielle de la demande, il est possible de réorganiser les cellules du cas sous-jacent dans une configuration plus flexible comme le montre la figure 4.7. Ainsi, en cas de baisse de la demande, au lieu d'avoir un total de trois opérateurs, on peut recourir à seulement deux opérateurs avec une certaine créativité dans les flux entrants et des flux sortants des pièces A et B (figure 4.7).

À mémoriser Le point à retenir ici est que plus la cellule est grande, plus elle est flexible en termes de volume et de boucles de travail, ce qui permet en retour un meilleur équilibre de travail entre les opérateurs.

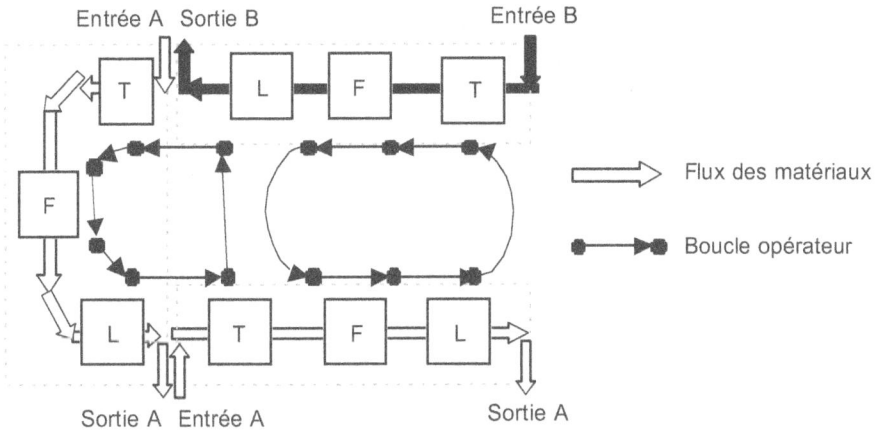

*Figure 4.7 : Disposition cellulaire avec un flux de composants
utilisant moins d'opérateurs*

En outre, la comparaison des investissements a été refaite en utilisant cette fois-ci des machines adaptées à une conception cellulaire. Après l'évaluation du cycle de la demande client, l'équipement des cellules a été re-spécifié et re-conçu. La re-conception de l'équipement pour répondre aux requis de la conception cellulaire a conduit à un coût de machines équivalent à celui d'une conception de production de masse. En réalité, les tests et les autres opérations similaires qui deviennent superflus dans une conception cellulaire peuvent être éliminés. Cela permet de réduire le coût de l'investissement et le ramener au-dessous de celui d'une conception par ateliers. La conception cellulaire ne doit pas se faire avec un équipement traditionnel, mais sur la base d'un équipement re-conçu en prenant en considération le cycle de la demande client. L'ancien système de comptabilité mesure l'utilisation des machines et le coût unitaire de la main-d'œuvre ; la disposition cellulaire tolère que les machines passent en mode veille parfois. Chaque composant doit être traité le plus simplement possible. Cela ne veut pas dire par exemple que les machines à commande numérique sont mauvaises, mais les machines dans les cellules doivent être bien dimensionnées pour l'opération à accomplir. Si les machines contrôlées par ordinateur sont nécessaires pour une opération, elles doivent être utilisées, mais si une simple presse peut être utilisée au lieu de machines ultra-rapides à haute complexité, elle doit être utilisée ; plus simples sont les machines, meilleur est le choix.

Comme nous l'avons vu, une fraction des coûts indirects est allouée au produit en fonction du temps de la main-d'œuvre directe par unité du produit en question. Appliquons cette équation à la lettre et supposons que le temps de la main-d'œuvre directe soit nul ; le coût indirect associé aux pièces produites serait aussi nul. Ce n'est pas le cas dans la réalité mais, quand les coûts indirects sont alloués, ils le sont selon ce même temps. Certains ingénieurs chez Ford, qui ont conçu une ligne de production, ont démontré (sur le papier du moins) qu'il n'y avait pas de main-d'œuvre directe pour la production des composants sur la ligne et donc qu'aucun coût indirect ne devrait y être associé. Toutefois, les contrôleurs de gestion ont refusé la démonstration et ont exigé qu'une partie des coûts indirects soit imputée à la ligne. En résumé, le coût unitaire de la main-d'œuvre pourrait être réduit en construisant des machines ultra-rapides, avec à terme l'élimination complète de la main-d'œuvre directe. L'élimination de la main-d'œuvre directe est encore plus recherchée, elle permet de réduire l'allocation des coûts indirects. Cependant, dans la plupart des cas, la main-d'œuvre directe ne représente que 8 à 12 % du coût de la production.

À savoir

Aujourd'hui, la plus grande fraction des coûts de la production va aux matériaux qui, représentent jusqu'à 50 % de ces coûts. Prenant ce fait en considération, il apparaît plus raisonnable d'allouer les coûts indirects en fonction du coût des matériaux et non du temps de la main-d'œuvre directe.

Étude du cas d'une usine de services de table

Pour montrer les conséquences d'une conception par ateliers des systèmes de production, dans lequel les opérateurs sont liés aux machines et où l'augmentation de la productivité ne peut se faire que par l'augmentation de la capacité de traitement des machines, nous présentons ici quelques exemples de situations rencontrées dans une entreprise qui produit des services de table.

Situation 1 : À la recherche de la productivité

Les tasses dont le traitement vient de se terminer arrivent de l'amont sur une chaîne mobile selon une fréquence, approximativement, d'une tasse toutes les deux secondes. L'opérateur doit prendre les tasses et les ranger sur un chariot à la même vitesse. Dans le cas où l'opérateur ne pourrait soutenir le rythme, une fourche, servant de tampon, attrape les tasses avant qu'elles ne tombent dans une grande poubelle à la fin de la ligne. Certains jours, l'usine produit des grands plateaux, qui coûtent jusqu'à 60 $ par unité. L'opérateur doit décharger ces plateaux de plus d'un demi-mètre et les mettre sur un chariot selon un rythme, insoutenable, de deux secondes par plateau. Rien n'est prévu pour le cas où l'opérateur n'arriverait plus à respecter ce rythme. Le convoyeur continue à tourner comme si de rien n'était. Le système est tout simplement incontrôlable. L'explication principale à la mise en place d'une telle ligne est la recherche de l'efficacité en termes de productivité. En faisant fonctionner l'ensemble de l'usine sur un cycle de deux secondes (en théorie, l'usine devrait produire une unité toutes les deux secondes), la productivité des opérateurs est naturellement améliorée. Regardons les effets d'un cycle à deux secondes dans la zone de glaçage. Une machine applique le glaçage à ces tasses selon un cycle de deux secondes. Pour permettre une bonne application du glaçage, les jets appliquent un liquide spray constamment, et le produit en excédent est pompé en dehors de la machine. C'est évidemment un gaspillage de traitement et, normalement, seulement la bonne quantité de produit pour chaque tasse devrait être pulvérisée à chaque fois. Enfin, ces produits fabriqués avec la plus grande efficacité sont stockés dans une très grande zone de stockage.

En quelques mots Le traitement à une très haute vitesse et un cycle très réduit induira d'énormes gaspillages de produits, des boucles de travail infarnales pour les opérateurs et des montagnes de stocks intermédiaires et de produits finis et cela sans compter le coût de l'équipement ultra-sophistiqué et ultra rapide. Ce sont là, les conséquences d'un objectif initial mal pensé (Augmentation de la productivité des opérateurs).

Situation 2 : Gestion de la variété des modèles

L'entreprise commence maintenant à vendre des packs standards de services de table, tels que celui contenant six assiettes standards, une assiette de salade, une grande assiette et une petite assiette, ou cet autre pack renfermant un ensemble de quatre tasses. Les ingénieurs essaient donc de former des cellules pour produire les packs standards en se basant sur les projections de ventes et le calcul du cycle minimal de la demande client. Quand cette usine était en conception par ateliers, tel jour, elle ne produisait que des tasses, tel autre jour seulement des assiettes, et le jour suivant que des bols de salade. Ces produits étaient créés le plus rapidement possible et étaient ensuite empilés dans la zone de stockage. Dès que les commandes des clients étaient reçues, les opérateurs se précipitaient avec des chariots à fourches, sortant les produits demandés et les ramenant à la zone d'emballage le plus rapidement possible. L'entreprise avait un taux de rotation des stocks de deux par an. On obtient la rotation des stocks en divisant la valeur des ventes par celle des stocks. Par exemple, 100 millions de dollars de ventes et 50 millions en stocks donnent une rotation des stocks de deux. Il était difficile de se représenter qu'une telle entreprise pût dégager un profit avec une rotation des stocks de deux et un taux de produits défectueux supérieur à 15 %. Et pourtant c'était le cas.

Situation 3 : Des améliorations sont néanmoins possibles

Il est tout à fait possible de planifier une disposition cellulaire de toute l'usine même si les équipements ont été conçus pour un cycle de deux secondes. Si cette conception pouvait être complètement mise en place, il serait enfin possible d'éliminer la zone de stockage. Bien que la situation courante soit insatisfaisante, l'entreprise a néanmoins commencé à mettre en œuvre de façon correcte une amélioration notable : l'opération de décoration. Deux méthodes sont possibles pour décorer la poterie : la première consiste à appliquer une bande de couleur et puis à appliquer le produit de glaçage sur la bande, et à passer le tout au four ; la seconde méthode, c'est d'appliquer le produit de glaçage d'abord et d'ajouter un décalque, puis de cuire le tout. Certaines assiettes qui comportent de jolies décorations sont simplement issues de la seconde méthode. Les opérations de glaçage viennent après une opération de formation par pressage à sec. Les ingénieurs process ont trouvé un moyen pour faire des assiettes à partir d'une simple opération de presse appliquée sur de la poudre. Puis, après le glaçage et la cuisson, tous les produits qui le nécessitent sont envoyés dans une autre zone de stockage à l'intérieur de l'usine pour que leur soit appliquée la décoration avant de retourner dans une autre zone où un dernier traitement thermique les attend. L'entreprise a éliminé toutes les opérations des zones de stockage après la création de la ligne de formation par pressage à sec, et l'application des décalques imédiatement en toute fin de ligne sans stockages intermédiaires. L'idée était de penser l'ensemble de la chaîne de valeur et de la configurer de manière à opérer selon le cycle de la demande client.

En quelques mots

Cet exemple illustre clairement comment, en mettant l'accent sur la réduction de la main-d'œuvre directe, la conception des systèmes s'est fourvoyée. En revanche, l'approche des opérations dans le cadre d'un système intégré permet d'améliorer les opérations en question sans pour autant dégrader les autres indicateurs de performance du système.

Pour résumer

On a vu dans ce chapitre comment la recherche des performances en termes de coûts initiaux d'investissement et de main-d'œuvre directe, couplée avec des hypothèses généralement fausses en matière de conception des machines, conduit à des dispositions de systèmes de production en ateliers spécialisés dont les inconvénients effacent les acquis de l'optimisation initiale. Inversement, même si une disposition cellulaire est relativement plus coûteuse, ses avantages en termes de variables non financières, telles que la qualité et la flexibilité, lui permettent d'être la solution aux problèmes de production d'aujourd'hui.

CHAPITRE 5

L'incitation à l'adoption de la conception cellulaire : le temps de la conception

Un proverbe anglais prétend que « le temps n'est que l'ombre du mouvement »[*].
*Autrement dit : la valeur du temps dépend de ce que l'on fait pendant qu'il
s'écoule. La gestion des systèmes de production est l'un des domaines où ce proverbe s'applique particulièrement.*

Quelle perspective dans ce chapitre ?

Dans ce chapitre, les notions de temps les plus importantes pour la production
seront analysées. Les notions de production équilibrée et production nivelée
seront précisées. Quelle est la relation entre les différents cycles et temps du système et les niveaux de stocks dans ce dernier ? Quelle est la relation entre les
différents cycles du système et la capacité de ce dernier à répondre aux impératifs des clients en termes de délais de livraison, de quantité et de variété ? Ce
chapitre s'efforcera à répondre à ces questions.

---

* « Time is the shadow of motion. »

1. La notion de temps dans les systèmes de production

La figure 5.1 illustre quelques aspects temporels pertinents pour la production.

En quelques mots

Le temps de quai-à-quai, introduit par Henri Ford, définit l'intervalle de temps entre l'entrée de la matière première à l'usine jusqu'à l'obtention de produits finis prêts à quitter l'usine. Le temps de stockage des matières premières ainsi que celui des produits finis avant qu'ils ne quittent l'entrepôt de l'usine sont inclus dans cette notion. Un des objectifs dans la plupart des industries est de faire en sorte que le quai-à-quai ne dépasse pas une journée. Un tel objectif, *a priori* très ambitieux, n'est pas encore atteint dans toutes les industries et ne pourra certainement pas l'être partout, dans l'industrie aéronautique par exemple. Dans tous les cas, l'objectif est de minimiser le quai-à-quai.

Dans la majorité des industries est également important le temps de réponse à la demande du client, ou encore délai de fourniture client.

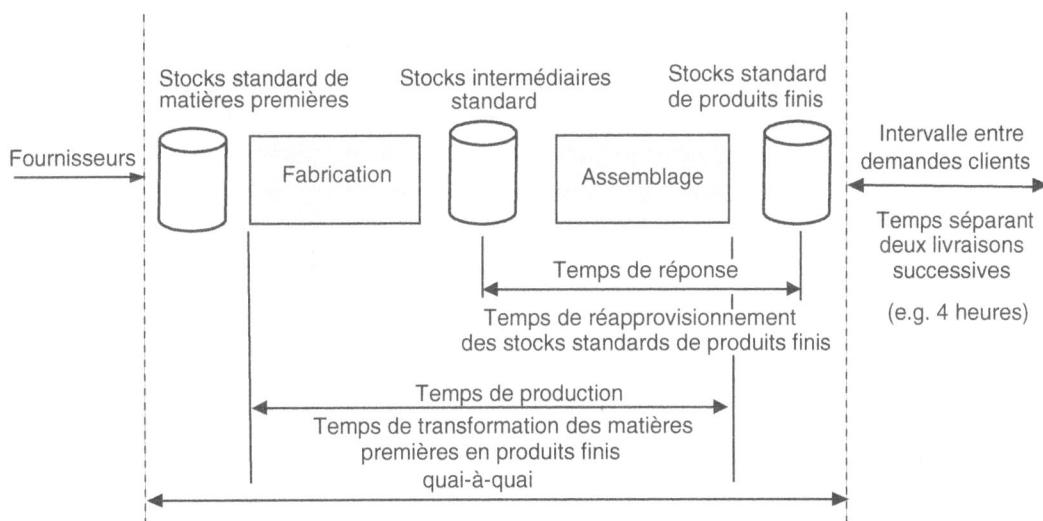

Figure 5.1 : Quelques terminologies de temps

Pour une entreprise opérant simultanément sur plusieurs lignes de production, il importe en effet de minimiser le temps nécessaire à la satisfaction d'une demande pour un produit donné. Le temps de réponse est celui requis pour réapprovisionner les produits ayant été tirés par le client, ou le temps nécessaire pour fournir les produits demandés par le client s'il n'en existe aucun stock. Une relation de proportionnalité lie le niveau des stocks d'un produit au temps nécessaire à son réapprovisionnement. Par exemple, si le client tire un produit A, le temps de réponse est celui que prend la ligne d'assemblage pour réapprovisionner la quantité consommée. Si ce réapprovisionnement ne prend qu'une heure de temps, alors une heure de stocks augmentés de stocks de sécurité serait largement suffisante pour ce produit. Ce niveau de stocks, bien visible dans le système de production Toyota, est nommé le stock standard.

La gestion des stocks peut paraître très simple mais ce n'est qu'une illusion. Faisons un petit calcul. Supposons qu'il y ait mille variétés différentes d'un alliage métallique et une opération de traitement thermique (application de cycles d'échauffement-refroidissement pour changer les propriétés physiques de l'alliage) de vingt heures, garderiez-vous vingt heures de stocks pour chacune des mille variétés ? Il est fort probable que cela serait trop coûteux. Habituellement, c'est la raison pour laquelle l'opération de traitement thermique est effectuée le plus en amont possible, de préférence avant la différenciation des variétés. Cependant, il se peut, dans certains cas, qu'il existe des stocks intermédiaires pour mille produits différents. Mais, si l'on considère le temps de cycle de la demande du client, défini par le temps moyen de demande par le client d'un certain produit, il se peut qu'il n'y ait aucun besoin d'approvisionnement de certains types de produits lorsque le temps de la réponse du système de production est suffisamment rapide. C'est le cas, par exemple, de certaines usines qui utilisent la production à la commande de plusieurs centaines de produits.

À mémoriser

Ces systèmes de réapprovisionnement, qui n'utilisent pas de stocks de produits finals, sont dits de production à la commande par opposition aux systèmes d'approvisionnement avec stocks standard. Pour les grands volumes, des systèmes de contrôle avec stocks standards pour chaque variété sont généralement utilisés.

Considérons maintenant quelques définitions de délais de production. Elles sont pour la plupart empruntées à Yasuhiro Monden (MONDEN, 1993). Ce dernier identifie trois types de délais dans les usines qui sont à l'origine des temps de réponse trop importants.

Le premier délai met en jeu la taille des lots. C'est le phénomène selon lequel une pièce, après être passée dans une station de traitement, doit attendre que cette station ait terminé le traitement de toutes les pièces du lot pour pouvoir avancer à la station suivante. Par exemple, si la taille du lot est de mille pièces, celles-ci ne peuvent passer à la phase suivante de traitement que si l'ensemble des mille pièces a terminé la phase courante de traitement. Le deuxième délai est le délai de processus. C'est un phénomène qui se produit à chaque fois qu'une file se développe, comme dans le cas d'une enseigne de restauration rapide. De nombreuses personnes rejoignent l'une de ces enseignes à l'heure du déjeuner, et une file d'attente se forme. Le problème fondamental est que le taux d'arrivées à ce moment est supérieur au taux de traitement. Voilà pourquoi le temps d'attente devient important. L'objectif est d'organiser l'usine de telle façon que le taux de traitement réponde bien à la demande réelle du client, mais il est tout à fait possible que, même avec ces précautions, la demande des clients puisse passer par des taux imprévus où elle excède la capacité du service.

Enfin, le troisième délai est le délai de changement d'outils. Un changement rapide d'outils permet de réduire le nombre de pièces identiques qui sont produites consécutivement avant de devoir reconfigurer les machines avec de nouveaux outils pour la production de pièces différentes*. Dans la figure 5.2, tous les produits du type A sont fabriqués avant que l'on ne fabrique les produits du type B. Elle illustre la manière dont la capacité à changer rapidement d'outils affecte le temps de production. Avec un temps de changement long, les tailles de variétés qui sont produites à chaque fois deviennent relativement grandes. Ainsi, une unité du type B doit attendre le traitement de toutes les unités du type A avant son traitement, une attente qui devient grande avec un temps de changement d'outils long. Pourtant, les constructeurs de machines n'ont jamais été motivés par les réductions des temps de changement d'outils. Une explication plausible pourrait être la suivante : leurs clients, qui considèrent avant tout la maximisation de l'utilisation des machines, favorisent des machines ultra-rapides par rapport à des machines à temps de changement d'outils réduit. Ce dernier paramètre n'est donc pas fourni aux vendeurs comme étant requis.

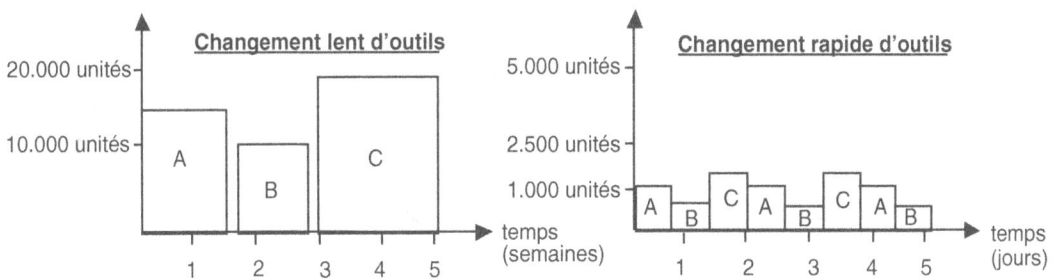

Figure 5.2 : Illustration du phénomène de délai de changement d'outil

---

* C'est pour cette raison que la délai de changement d'outil est aussi appelé délai de variété.

En
quelques
mots
En formant des cellules à flux unitaire, le délai de lot est entièrement éliminé ; une fois qu'une pièce donnée est traitée à la station courante, son traitement peut immédiatement être lancé à la station suivante sans attendre que le traitement de tout le lot soit terminé. Il est possible aussi de concevoir les cellules pour tenir compte du délai de processus. Cependant, même si les pièces sont produites avec un flux unitaire, la capacité de changement rapide d'outils affecte sensiblement le temps de la réponse à la demande client.

2. L'importance du facteur temps dans les systèmes de production

Considérons maintenant un exemple en usine pour illustrer l'importance d'un flux unitaire de pièces dans l'élimination du délai de lots. Remarquons bien qu'un volume de lots unitaire n'induit pas nécessairement un volume de variétés unitaire. En effet, un volume de variétés unitaire implique la possibilité de produire des variétés différentes, unité par unité, selon la demande, ce qui nécessite un changement d'outils pour chaque unité à produire. L'usine imaginaire est un atelier formé de cent stations dont dix uniquement ajoutent de la valeur au produit final, mais toutes les opérations sont nécessaires pour aboutir au produit final. L'usine est conçue pour fabriquer 3000 pièces à la fois. Le volume de variétés est de 3000 pièces, qui est aussi dans ce cas le volume de lots. Essayons de calculer le temps que prend un lot de 3000 pièces pour passer à travers l'usine entière.

Il faut pour cela connaître le cycle de traitement de chaque opération : supposons qu'il soit égal à six secondes. Au niveau de chaque machine, les trois milles pièces doivent être traitées avant de passer à la prochaine machine, si bien que la durée de chaque opération est de 3000 x 6 s = 5 heures. Le processus est répété à chacune des cinquante opérations si bien que le temps de production total est de 5h x 100 = 500 heures. Cela signifie que l'on a besoin de près d'un mois ou deux mois, selon le mode opératoire (une ou deux équipes par jour), pour répondre à la demande. Si toutes les opérations qui n'ajoutent pas de valeur au produit final étaient éliminées, le temps de production serait réduit à cinquante heures uniquement pour dix opérations, ce qui est une durée encore relativement élevée. Calculons maintenant le cycle de production de l'usine en comptant les opérations sans valeur ajoutée et en réduisant les lots de 3000 unités à des lots unitaires. Le temps de production passe alors à cinq heures. Ainsi, au lieu d'avoir un mouvement de pièces par blocs où, à chaque instant de la production, une seule unité du lot est en traitement, les pièces se déplacent maintenant dans l'usine l'une après l'autre puisque le volume de lots est unitaire. Quand la première pièce quitte la première station, elle est transmise immédiatement à la deuxième station sans attendre la fin de traitement de la dernière pièce du lot à la première station. Le temps de production passe ainsi à seulement cinq heures. On perçoit clairement le gain dû à l'élimination du délai de lot, alors que la simple élimination des opérations sans valeur ajoutée de l'usine n'a pas vraiment réduit le cycle de production.

Intéressons-nous maintenant au volume de variétés et à son impact sur le temps de production et le temps de réponse tel que cela est illustré figure 5.2. Dans cette figure, le volume de la variété A est de 15 000 unités et nécessite une semaine et demie de traitement. Le volume de la variété B est de 10 000 unités et demande une semaine de traitement. Enfin, le volume de la variété C est de 20 000 unités et requiert deux semaines de traitement. Dans ce scénario, si on est au début de la semaine et si un client veut un produit C, il devrait attendre au moins deux semaines et demie avant qu'une unité du produit C ne soit disponible, et ce sans compter les temps de changement d'outils. Il faudrait au moins un mois pour satisfaire la demande du client si ce dernier veut un lot de 20 000 unités du produit du type C. Certains pensent que ce délai est dû à la production par lot ; cependant, c'est au volume de variétés qu'on le doit. Si le volume de la variété A est réduit de 15 000 unités à 500 unités, il faudrait environ une demi-journée pour la production de la variété. Par conséquent, une unité du type C peut être produite dans un délai d'une journée. Le produit peut ainsi être transporté au client en une journée, ce qui est généralement acceptable. C'est l'une des conséquences de la réduction de la taille des variétés.

Le mot japonais pour le nivellement est « heijunka ». Au lieu de maintenir des stocks de taille importante et de travailler avec de gros volumes de pièces A, B et C, la production peut être régularisée en utilisant de plus petits volumes de pièces. Il peut apparaître à première vue qu'un grand espace de stockage serait nécessaire, comme l'on produit plus de variétés chaque semaine. Cependant, dans la réalité, 15 000 unités de type A sont demandées toutes les cinq semaines : la demande hebdomadaire pour le produit du type A est donc uniquement de 3000. Si un nombre de 600 unités est produit chaque jour, on répondra à la même demande sans pour autant recourir à de hauts volumes de stocks.

À mémoriser | L'avantage principal des petits volumes de variétés est que l'on peut satisfaire les clients plus rapidement. Il faut toutefois souligner que tout cela dépend des temps de changement d'outils qui doivent être de plus en plus courts. Cela explique pourquoi cela n'était pas pratiqué par le passé. Une bonne règle d'usage consiste à réduire les volumes de variétés de façon à pouvoir au minimum satisfaire la demande quotidienne pour chaque variété. Pour y parvenir, il est nécessaire de calculer le temps de cycle de la demande pour chaque type de pièce afin de produire exactement le nombre de pièces que les clients demandent quotidiennement. Cela implique que les changements d'outils doivent être aussi simples que possible, de l'ordre de la durée d'activation d'un interrupteur par exemple.

Nous allons maintenant illustrer le temps de réponse (réactivité) à la demande clientèle dans le cas de systèmes de production contrôlés par des systèmes de stocks standard ou des systèmes de production à la commande ; ces deux systèmes sont représentés sur la figure 5.3. Dans un système avec stocks standard, on a un stock intermédiaire standard de chaque type de pièces et après chaque cellule de fabrication. Notez bien que le « sans gaspillage » n'implique pas nécessairement des niveaux de stocks nuls, mais une quantité de stocks contrôlée. Le système fonctionne en tirant du stock la quantité demandée par un client en aval.

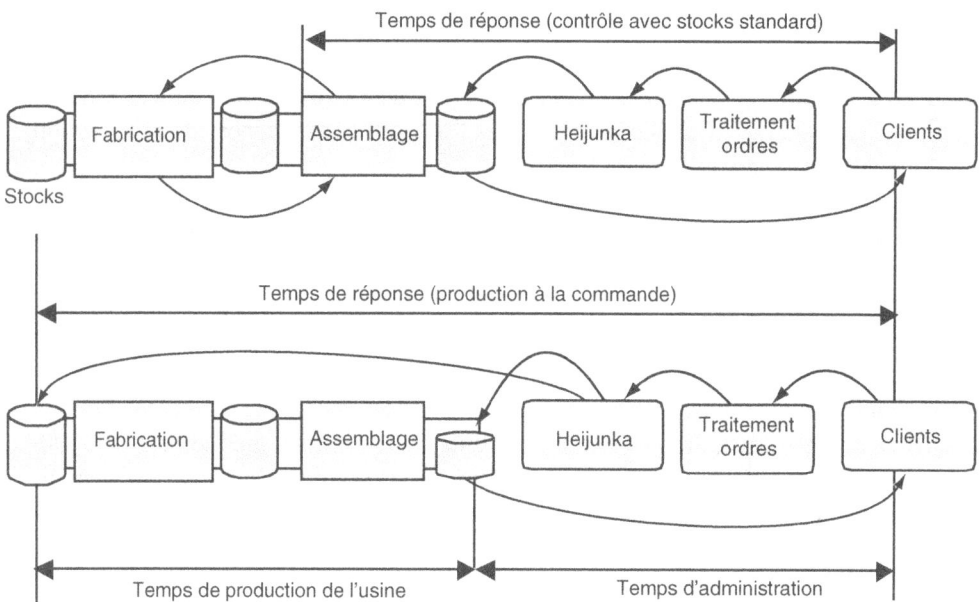

Figure 5.3 : Systèmes kanban avec stocks standard et à la commande et mesures associées

La demande client est nivelée dans l'usine en utilisant un tableau de nivellement nommé heijunka en japonais. Ce tableau hiérarchise les commandes dans l'usine. Chaque créneau dans le heijunka contient un kanban qui représente la demande du client. En voici un schéma :

		Temps					
Type de composant		09:00	09:05	09:10	09:15	09:20	....
A		I	I			I	
B				I	I		

Figure 5.4 : Exemple de heijunka pour deux types de produits.

Chaque colonne du heijunka représente un cycle de temps contrôlant le rythme de la demande sur le système de production. Ce rythme est calculé comme étant le cycle de demande maximale multiplié par la capacité du containeur. Par exemple, si le cycle de demande maximale (qui correspond au cycle minimal de la demande) est de 20 secondes et la capacité du containeur est de 15, l'intervalle de temps de chaque colonne du heijunka sera de 300 secondes ou cinq minutes. L'idée ici, c'est de contrôler le taux de l'arrivée de l'information concernant la demande dans l'usine, de façon à lancer la production au bon moment. Dans le cas d'un système opérant avec des stocks standard, le manipulateur des matériaux tire une carte de la colonne correspondante au temps courant, prend la quantité de pièces qui correspond à l'information sur la carte et l'envoie pour le transport. Cette quantité est prise du stock standard.

En outre, une fois qu'une quantité de pièces est enlevée du stock standard, la carte de production est séparée du lot de pièces et est placée dans la cellule pour réapprovisionner la quantité tirée. Il s'agit d'un système fonctionnant avec deux kanbans, un dit de retrait, entre le client et le transporteur, et l'autre dit de production, entre le transporteur et le producteur. La notoriété de Toyota vient aussi de sa capacité à combiner dans les mêmes cellules de production des systèmes de contrôle avec des stocks standard du type précédent avec des systèmes dits à la commande où la fabrication des produits est lancée uniquement quand le client les a commandés. Les ingénieurs de Toyota ont ainsi été capables de produire plus de trois cents variétés différentes d'un même produit dans une seule cellule, et ce au moyen de simples configurations des outils et machines sans utiliser des technologies sophistiquées. Parmi les trois cents produits fabriqués par la cellule, 270 utilisent un système de contrôle à la commande. À n'importe quel instant, la cellule peut recevoir une commande pour un produit parmi ces 270 types et lancer immédiatement sa production. Ce système de contrôle n'est pas un système de flux tiré standard à deux kanbans, dans lequel le kanban de retrait du tableau de heijunka enlève une quantité de pièces et un autre signale la production à la cellule. Au lieu de cela, un système de production à la commande signale la demande directement au début de la ligne de production et tire les premiers produits disponibles en fin de la cellule d'assemblage.

À mémoriser

Ce procédé est parfois appelé un système de stock total intermédiaire constant, puisque le nombre d'unités qui entrent dans la ligne est égal au nombre d'unités finies qui sortent du système, impliquant ainsi un stock total constant d'unités en transformation dans le système. Le heijunka contient la séquence des unités à produire et transfère cette information graduellement au début de la ligne de production et non à sa fin.

De même, dans le cas de plusieurs cellules, l'information sur la séquence de production passe directement du heijunka à la première cellule. Ce système est ainsi complètement différent d'un système avec stocks standard dans lequel les unités sont tirées du stock standard et l'information se déplace de façon séquentielle en arrière à travers la ligne de production plutôt que directement à son début. Un système à la commande découple deux paramètres de contrôle de production : d'un côté, le type et la quantité à produire et, de l'autre, les stocks intermédiaires entre les cellules qui ne sont pas contrôlés dans ce système.

L'essence de la gestion des environnements de production à la demande est parfois difficile à comprendre. Voici une différence radicale par rapport aux systèmes à flux poussés : dans un système à flux tiré, les stocks intermédiaires entre cellules sont différents des stocks intermédiaires conventionnels dans le sens où leur niveau est contrôlé afin de préserver une quantité standard. Les stocks intermédiaires, quant à eux, peuvent avoir des niveaux standards très différents d'une opération à une autre. En réalité, un système de production pourrait tout à fait fonctionner avec un stock intermédiaire standard unitaire. Quand une unité est tirée, une autre la remplace. Cependant, les variations dans le système peuvent nécessiter un stock intermédiaire standard supérieur à une simple unité pour des raisons de sécurité et d'aléas externes par exemple.

À mémoriser

L'idée globale est de commencer avec de hauts niveaux de stocks intermédiaires standard et de les diminuer systématiquement pour mettre en évidence les variations dans le système. Moins il existe de stocks intermédiaires entre les cellules, plus les variations deviennent visibles.

Niveler la demande sur l'ensemble du temps disponible pour la production élimine le besoin de traiter le phénomène des demandes extrêmement élevées.

Beaucoup d'entreprises implémentent des systèmes de flux tirés sans nivellement aval de la demande. Par exemple, si un client demande 1000 unités par jour, la première question qu'il faudrait poser est celle de la capacité. Si la capacité maximale est de 500 par jour et si l'on sait depuis deux jours que le client veut 1000 unités, 500 pourraient être faites chaque jour pour répondre à sa demande. La production doit être organisée autour de la demande clientèle moyenne et non pas autour des demandes maximales. Ainsi, le nivellement permet la production de 500 unités par jour pour deux jours, en considérant uniquement la moyenne et non la demande ponctuelle.

À savoir

L'exemple de la cellule de Toyota montre que la réactivité n'est pas couplée au nombre de variétés. La réactivité est fondée sur le temps de passage à travers la dernière cellule dans un système avec stocks standards, alors que dans un système à la commande la réactivité repose sur le temps total depuis la première cellule. Cependant, comme cela a été montré au début de ce chapitre, le temps de réponse dépend essentiellement de la taille du lot et non du type de contrôle (que ce soit avec des stocks standards ou à la commande). Plus la taille de lot est grande, plus le cycle de production est important et plus le système perd en réactivité vis-à-vis de la demande des clients, et *vice versa*.

Étude d'un cas dans l'industrie automobile

Dans cette section, nous allons analyser quelques exemples dans une usine spécialisée de l'industrie automobile qui montrent tout particulièrement la médiocrité des systèmes de production par ateliers spécialisés. L'usine en question produisait des boîtes de vitesse en volumes significatifs. Son organisation reposait sur une structure par ateliers avec un certain nombre de machines dans chacun d'entre eux. Par exemple, un atelier était dédié à un processus de traitement thermique qui durait vingt heures. Cette disposition était loin d'aller sans problèmes. Un simple calcul combinatoire a permis d'établir que les pièces en transformation pouvaient suivre plusieurs dizaines de millions de combinaisons différentes quant à leur cheminement à travers l'usine avant d'atterrir dans un produit final. L'idée d'un cycle de la demande client ou d'une production à la demande du client était complètement absente du système de production, le cheminement des produits à travers l'usine ne suivait aucune logique, le temps total de production était d'un mois, et des chefs d'ateliers venaient travailler chaque jour à quatre heures du matin afin que la quantité exigée en fin de journée soit atteinte. La mission conduite dans le cadre de cette usine avait donc pour objet de résoudre tous ces problèmes. Le changement de la disposition en des cellules intégrées a permis de fournir une solution originale. Pour ce faire, la démarche a d'abord consisté à installer des cellules de fabrication pour produire 50 % du volume total de l'usine. Le système cellulaire a maintenu comme étape intermédiaire les pratiques du département d'assemblage rapide, mais cinq cellules de fabrication opérant à des temps de cycle de quarante secondes ont été formées. Dans la configuration finale avec un assemblage à son tour en disposition cellulaire, la fonction de fabrication a été équipée de cellules à soixante secondes de temps de cycle pour alimenter un cycle de demande de soixante secondes dans l'assemblage. Le système de production à cellules liées s'est appuyé sur l'idée qu'il fallait mettre en place des cellules qui correspondent à la demande du client : l'assemblage des axes de transmissions a donc été considéré comme le client de l'assemblage des boîtes de vitesse qui, à son tour, est devenu le client de l'usinage. La production a été nivelée par l'emploi d'un heijunka formé par la séquence de produits à fournir obtenue auprès de la ligne d'assemblage des axes de transmissions. Les cinq cellules utilisent beaucoup moins d'espace au sol que l'ancienne disposition. Le temps quai-à-quai fut réduit de trente jours à seulement une journée. Plusieurs processus de fabrication ont dû être repensés pour répondre à cette disposition cellulaire. Par exemple, une machine à grenaillage de seulement un mètre de largeur fut conçue. Le meulage a été carrément éliminé en raison d'un temps de changement d'outils considérable et a été remplacé par un processus de tournage plus performant (*hard turning*). Aussi le test du produit final a-t-il été intégré dans une cellule complètement indépendante. Un des exploits les plus remarquables a tenu en l'usage de petites machines de lavage au lieu des grandes machines de lavage existantes opérant à grande vitesse.

Texte courant
Pour aboutir à une disposition cellulaire, presque tous les outils et les équipements furent re-conçus en prenant en considération le cycle de la demande client.

Globalement, des réductions majeures furent réalisées en ce qui concerne le taux des défauts et les niveaux de stocks. La réduction des stocks a été estimée à environ 2 millions de dollars, ce qui est considérable. De plus, le système des cellules liées a permis la simplification de l'architecture de l'usine. Il faut noter que le heijunka a permis de niveler le processus de traitement thermique. Au lieu de fonctionner pendant vingt heures avec un certain type de pièces, puis à nouveau pendant vingt heures avec un autre type de pièces à travers le traitement thermique, un mélange des différentes pièces fut utilisé simultanément sur la base du séquencement défini dans le heijunka. Toutefois, la structure de gestion de l'usine reste à transformer. Actuellement, la gestion est organisée par département. Il y a un chef pour le département de fabrication et un autre pour le département d'assemblage. Le chef du département de fabrication doit garantir que le département d'assemblage n'est jamais à court de pièces ; il garde ainsi par sécurité trois jours de stocks. Avec le nouveau système, l'entreprise n'a plus besoin de cette division des tâches et de ces niveaux des stocks. Au contraire, un seul directeur peut superviser l'état global du système de cellules liées. L'impact des changements précédents devient de plus en plus clair au sein de l'usine. Des millions de dollars furent investis dans l'équipement de production de masse, mais ce projet a aidé les dirigeants à atteindre les objectifs initialement établis pour l'usine et qui ne pouvaient l'être avec un système départemental. Cette expérience est reproductible : par bien des aspects, la transformation du système de production de cette usine en un système de cellules liées était un travail difficile : processus complexes, résistance au changement, formation et équipement existant à prendre en considération.

Pour résumer

Dans ce chapitre, nous avons présenté les notions de production équilibrée et de calcul du cycle de la demande unitaire client. Puis nous avons abordé le concept de production nivelée, qui met en jeu la capacité de changement rapide d'outils et la production des variétés demandées par les clients pour chaque intervalle de demande. Cela est fondamental pour pouvoir créer de façon quotidienne tous les types de produits demandés. Dans le prochain chapitre, nous allons présenter une méthodologie pour la conception des systèmes de production. Cela nous permettra à la fois de proposer des solutions appropriées pour l'accomplissement d'une production équilibrée et nivelée, et d'approfondir les notions de temps introduites dans ce chapitre.

Deuxième Partie

Méthodologie et solutions
de mise en œuvre

CHAPITRE **6**

Des objectifs stratégiques à l'implémentation : un cadre méthodologique pour la conception des systèmes de production

Quelle perspective dans ce chapitre ?

Ce chapitre propose un cadre pour la conception et la mise en place des systèmes de production performants. Ce cadre doit permettre, d'une part, de fixer et de communiquer les objectifs d'un système de production et, d'autre part, de définir les solutions pour les atteindre. Cette méthodologie de conception assure que la mise en œuvre physique sur le terrain atteint les objectifs de la fonction de production dans l'entreprise, contribuant ainsi aux objectifs globaux de cette dernière. Les deux composantes de ce cadre qui sont présentées (six catégories de solutions et un plan d'exécution) seront détaillées dans les deux chapitres suivants. Comme on pourra en juger, l'originalité de cet outil provient essentiellement de son approche logique et de sa simplicité.

1. Le cadre méthodologique

Dans les grandes organisations, ce sont habituellement les cadres supérieurs qui mettent en place les directions générales de l'entreprise que les employés doivent ensuite suivre. Le problème est que souvent le courant s'arrête quelque part au milieu. En effet, plusieurs facteurs compliquent l'exécution des objectifs. Dans tous les cas, il est certain que les cadres moyens doivent transformer les objectifs stratégiques de l'entreprise en actions. Le cœur du problème est de transformer des objectifs abstraits et des slogans qu'on trouve généralement gravés sur le marbre des entrées des quartiers généraux des entreprises en quelque chose de réel et tangible, qu'on peut proprement mesurer sur le terrain et dans les usines. Deux questions se posent : Que faut-il transférer ? Et comment le faire ?

Le cadre présenté dans ce chapitre fournit une méthodologie pour transformer les objectifs stratégiques de la production en des solutions qui puissent être implémentées *in situ* dans les usines. Cette transformation* est guidée par l'idée d'indépendance qui affirme que les meilleurs solutions sont celles qui permettent d'atteindre les objectifs pour lesquels, elles étaient initialement conçues, sans affecter négativement les autres objectifs. Grâce à ce principe, il est possible d'atteindre simultanément tous les objectifs de la production. Pour cela, il suffit de mettre en place les solutions conçues en respectant le principe d'indépendance et ce pour chaque objectif de la production.

À savoir Le va-et-vient permanent entre le domaine fonctionnel et le domaine d'implémentation permet de valider les solutions proposées et de vérifier laquelle parmi elles satisfait les requis et les impératifs de la production.

La conception d'un système requiert la compréhension du client. Les « requis fonctionnels » du système reposent sur les besoins du client, qui sont considérés comme des impératifs non négociables et que le système doit satisfaire à tout prix. Ensuite, les « solutions de conception » sont développées pour atteindre les requis fonctionnels de manière indépendante. Cette approche crée un contexte pour la sélection, le développement et l'articulation des solutions. Il est clair, cependant, que les solutions développées dans le cadre de la conception d'un système peuvent être appropriées dans un contexte donné et pas du tout dans un autre. Par exemple, la conception d'un système peut être erronée pour l'une des raisons suivantes :

---

* appelée aussi décomposition.

- Quand on s'intéresse uniquement aux objectifs du système sans se soucier des solutions et des moyens à mettre en œuvre pour leur implémentation.

- Quand les solutions sont développées mais ne sont pas reliées aux objectifs du système.

- Quand les concepts à la mode sont aveuglément appliqués sans compréhension des objectifs sous-jacents du système (cf. chapitre 2).

- Quand la modélisation est utilisée pour l'optimisation d'un nombre limité de champs qui sont le résultat d'une réflexion peu approfondie sur la conception des systèmes.

Le but du cadre proposé est d'éviter ce genre de problèmes et quelques autres qui résultent de méthodes dont le fondement scientifique reste dans la plupart des cas à prouver. En effet, il y a aujourd'hui une grande tendance à croire que les solutions apportées par les concepts à la mode répondront aux besoins particuliers de n'importe quelle organisation. Cependant, appliquer uniquement « 5S », « Usine visuelle » ou « JAT » serait insuffisant (MONDEN, 1993). Les concepts à la mode ne révéleront jamais les objectifs et les solutions nécessaires pour une meilleure conception des systèmes de production.

Étude de cas : « Ce Qu'il Ne Faut Pas Faire »

Le cas suivant illustre ce que l'on pourrait obtenir lors de l'application irréfléchie des concepts à la mode. Le cas traite d'une usine qui produit des sous-systèmes de coque pour des usines d'assemblage de véhicules. Elle a implémenté le JAT et le kanban sans se soucier des vrais problèmes de production que ces outils cherchent à résoudre. Le JAT et le kanban sont des solutions qui cherchent à résoudre certains problèmes de la production. Toutefois, dans le cas de cette usine, la mise en place de ces outils s'est faite dans l'absence d'une conception globale du système de production (BLACK, 1991). La figure 6.1 illustre une conception d'usine résultant de la mise en place de solutions ou d'outils sans vision globale du système.

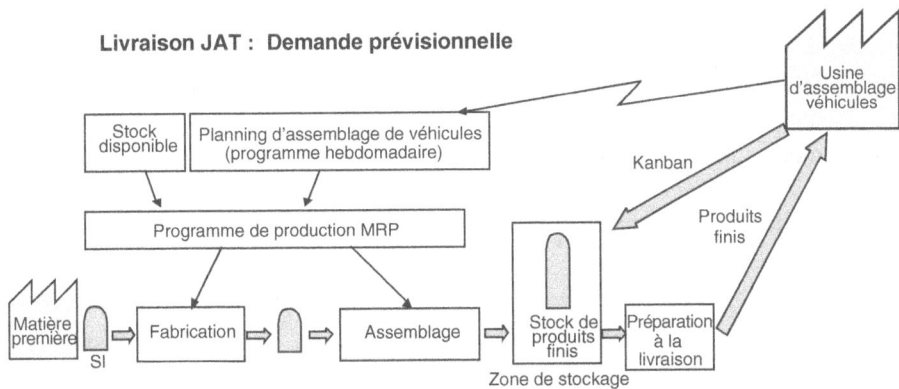

Figure 6.1 : « Zone de stockage JAT » – Conséquence de la mise en place d'outils sans une vision globale du système

La mise en place d'un système kanban entre les fournisseurs des composants et les usines d'assemblage des véhicules avait pour objectif le JAT (qui veut aussi dire la production du bon produit avec une qualité parfaite, au bon moment avec la bonne quantité). Dans ce cas, le producteur de composants adopta comme solution la construction d'un « stock juste à temps ». Cette situation explique pourquoi plusieurs spécialistes dans l'industrie affirmaient que le JAT « transférait les stocks chez les fournisseurs ». Cette déclaration est appropriée dans notre cas et l'approche précédente n'a fait qu'augmenter les coûts. Mais pourquoi le fournisseur avait-il constitué un stock Juste à temps ?

Les moyens du système avaient été copiés et partiellement implémentés mais les objectifs globaux du système n'avaient pas été identifiés, compris et communiqués. Les solutions correspondant à l'optimisation de l'ensemble d'un système de production (que Toyota appelle le « système de production Toyota », renommé ici « production au plus juste ») sont elles-mêmes devenues des objectifs d'un programme de mise en place (WOMACK *et al.*, 1990). Les vrais objectifs et les problèmes motivant la mise en place du JAT ont été perdus.

Qu'a-il fallu faire pour vraiment « produire le bon produit à la qualité parfaite au bon moment avec la bonne quantité » ? La première étape était d'analyser les capacités. Le système de production, les équipements, les outils et les hommes devront être capables de produire avec prévisibilité, au bon rythme, les bonnes variétés et la bonne quantité de produits à la qualité parfaite comme cela est demandé par les clients. Ensuite, il était nécessaire de concevoir les différentes étapes de production de façon à les intégrer harmonieusement dans un système cohérent.

L'usinage par exemple a été entièrement re-conçu. Les opérateurs ont été réintégrés dans le système et cette étape de production a été re-conçue pour ne plus se faire en îlots d'automatisation à haute vitesse. Les temps de changement d'outils ont été réduits d'une heure à moins d'une minute. Enfin, les différentes machines opèrent maintenant au cycle de la demande du client et non à la plus grande vitesse possible. En réalité, l'usinage a été repensé et inséré, avec d'autres opérations, dans une cellule à volume flexible. La figure 6.2 montre que le processus d'usinage est maintenant une opération intégrée avec l'assemblage et fonctionne au même rythme que la demande client. Cette nouvelle conception du système a permis d'atteindre tous les objectifs de la production : meilleure qualité, moins de produits défectueux, moins d'automatisation, moins de stocks, livraison ponctuelle sans stocks, et enfin moins de capitaux investis. Dans un second temps, et pour minimiser autant que possible les niveaux des stocks (qui est l'un des objectifs du JAT), l'information qui précise le produit devant être fabriqué, et quand il devra être disponible, doit être basée sur la vraie consommation courante du client.

C'est le rôle du système d'information de définir ce que l'on doit produire et à quel moment. Il faut savoir répondre à la question suivante : « Sur quelle base et à quel moment l'information doit-elle être envoyée aux stations de traitement ? » Comme montré en figure 6.1, le MRP (*Material Requirements Planning*) de l'usine définit ce qui doit être produit en utilisant les estimations de la consommation de l'usine d'assemblage. Puis, en fonction de l'état des stocks et des produits dans la chaîne de production (qui sont évalués sur base journalière, hebdomadaire, et parfois mensuelle), le MRP calcule automatiquement l'intervalle de temps nécessaire pour répondre à la demande, la quantité et les variétés des produits à fournir. Le problème est que dès que le nouveau plan MRP est généré, l'information qui a servi à sa création a changé. En réalité, le plan généré est certainement faux. Il est obsolète à la minute où il est généré puisque l'état du système et des stocks a déjà changé. Un système devient incontrôlable si l'information qui sert à son contrôle est fausse ou arrive en retard. Dans la plupart des environnements MRP, c'est hélas ce qui se passe. Le cycle d'échantillonnage de l'état du système est de loin très supérieur à l'intervalle nécessaire pour le contrôler. Cette situation revient à conduire un véhicule équipé d'un système de freinage qui nécessite une heure entre le moment où une pression est exercée sur la pédale de freinage et celui où les plaquettes exercent leur pression sur les disques de freins. Ce véhicule est inévitablement voué à un accident. Contrôler un système de production avec un MRP/ERP voue à s'exposer aux mêmes dangers.

En quelques mots

En résumé, les systèmes d'information classiques tels qu'ils sont conçus (voir figure 6.1) présentent deux inconvénients majeurs : (1) la production n'est généralement pas basée sur la vraie consommation courante de l'usine d'assemblage, (2) ces systèmes ne permettent pas le contrôle du système de production. Le stock JAT de la figure 6.1 est une solution superficielle pour remédier à l'inadéquation de la conception du système d'information, des équipements et des outils de production.

La figure 6.2 illustre la nouvelle conception du système de production. Le système d'information, les sous-systèmes de production et de fabrication ainsi que les équipements ont été radicalement repensés et changés pour répondre aux impératifs du contrôle d'un système de production.

2. Des systèmes de production contrôlables

Pour contrôler un système donné, l'état du système doit être sondé dans des intervalles de temps suffisamment courts. Par conséquent, un des objectifs de la conception des systèmes de production est que ces derniers puissent être sondés dans un cycle qui ne dépasse pas une certaine limite. Toyota appelle le cycle de sondage de l'état du système le « pitch ». L'idée est de faire en sorte que le pitch ou l'intervalle de sondage du système soit égal au temps nécessaire pour produire la capacité d'un conteneur reliant le système de production et le client. Ce temps est égal, dans un système de production équilibré, au cycle unitaire de la demande client multiplié par la capacité du conteneur reliant le client et le système de production.

Pitch = Cycle unitaire du client x taille du conteneur

Par conséquent, le système de production est alimenté de manière rétrograde sur la base de chaque conteneur (par exemple, l'intervalle de temps nécessaire pour produire la quantité d'un conteneur). Les problèmes sont identifiés dans un intervalle de temps égal au pitch du système au lieu de procéder à leur identification journalière ou hebdomadaire. Comme la reconnaissance des conditions des problèmes n'est pas énormément en retard par rapport à l'heure de leurs apparition, le système devient alors contrôlable. La production, ainsi basée sur la demande courante, pourrait éventuellement atteindre la qualité parfaite avec des livraisons ponctuelles. Ce sont là les premiers objectifs d'un système de production bien conçu. En mettant en place un heijunka en combinaison avec le flux d'information dans le sens inverse des matériaux et en installant une capacité pour l'ensemble des clients en fonction du cycle minimal de leur demande, le système de production subit une conversion totale. La nouvelle architecture est présentée en figure 6.2. La zone de stockage JAT a été éliminée.

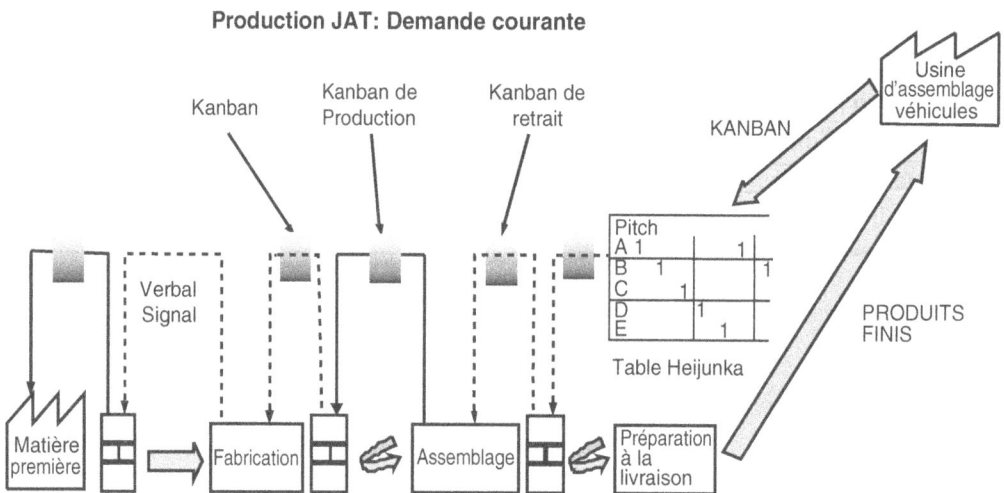

Figure 6.2 : Flux d'information pour atteindre les objectifs du système de production

À mémoriser

Cette conversion n'est possible qu'à condition d'avoir une bonne connaissance et une bonne compréhension des objectifs du système de production Toyota (TPS), et de ne pas s'en tenir à une connaissance superficielle des concepts à la mode. Ce changement a nécessité un nouveau système d'information combiné avec une approche radicalement différente de la conception des machines et des cellules. Cette conception a été basée sur le cycle unitaire de la demande du client.

Pourquoi donc ceux qui ont pu observer le TPS au Japon n'ont-ils jamais compris ses multiples facettes ? Pourquoi la production au plus juste a-t-elle été mise en place en Occident, tout comme les « meilleures pratiques », sans que l'on se soucie de comprendre les relations qu'entretiennent les différentes facettes du système ? Il est clair que la mise en place partielle de la production au plus juste et des meilleures pratiques conduit à des résultats decevants dans la plus part des cas. Sur un plan organisationnel, rares sont ceux qui comprennent réellement les problèmes que les meilleures pratiques cherchent à résoudre. Le consensus général est que, si ces meilleures pratiques sont vues comme de « bonnes choses », elles doivent être profitables pour toutes les organisations, ce qui n'est certainement pas le cas. Pire, ces meilleures pratiques ne sont pas toujours sérieusement prises en compte.

3. Une autre conception des systèmes

Pour comprendre ce que système de production veut dire, nous devons tout d'abord comprendre ce que nous voulons dire par système.

Un système est un ensemble qui a une entrée définie et une sortie définie. Il agit sur l'entrée pour produire la sortie souhaitée. De plus, un système peut être décomposé en plusieurs sous-systèmes. L'interaction de ces sous-systèmes affecte les sorties du système entier. Les sous-systèmes doivent agir comme un ensemble intégré pour produire la sortie désirée.

Défintion

Un système de production consiste en des arrangements de machines, d'outils, de matériaux, d'opérateurs et d'information qui opèrent pour produire des unités d'un produit physique, une information ou un service à valeur ajoutée dont le coût et le succès sont mesurés par des paramètres quantitatifs.

Dans n'importe quel système de production, le produit en transformation subit plusieurs de ces quatre types d'opérations : transport, stockage, inspection et traitement. L'optimisation des opérations signifie l'optimisation d'une ou de plusieurs des opérations précédentes. Hélas, dans la plupart des cas, de l'amélioration des opérations il ne résulte pas celle du système. L'amélioration de la performance d'un système nécessite la compréhension de la valeur de chaque opération et de son interaction avec les autres opérations. Quelques opérations seulement ajoutent de la valeur au produit final. Le transport, le stockage et l'inspection n'ajoutent aucune valeur au produit. Cependant, ces opérations sont parfois nécessaires. Les opérations qui n'ajoutent pas de valeur au produit final doivent être réduites ou éliminées dans le cadre d'une optimisation globale du système de production.

En outre, dans la plupart des cas, les programmes d'amélioration sont limités aux opérations. Peu d'intérêt a été porté à l'amélioration du système de production avec une perspective globale, appelée aussi amélioration de la chaîne de valeur. Enfin, la conception des équipements est principalement orientée vers l'amélioration des opérations. Plusieurs dirigeants d'usines sont ravis d'avoir les machines les plus puissantes et les plus rapides du monde, ce qui en soi renforce notre argument. Un raisonnement en termes de systèmes nécessite que la conception des équipements soit faite dans le contexte des systèmes dans lesquels ils opèrent. Un point central à prendre en considération dans la conception des systèmes de production est que la conception des systèmes, et ses résultats, sont entièrement dictés par la façon dont on mesure les performances. Ainsi, le fait que la réduction des coûts directs soit considérée comme le principal indicateur de performance pousse vers une organisation départementale de la production et une utilisation maximale des machines ultra-rapides. La conception des systèmes de production est l'antithèse de l'optimisation. La conception nécessite le changement de certaines variables (qui seront décrites ci-après) qui sont supposées « inchangeables » dans la plupart des modèles d'optimisation. Les améliorations au niveau de l'ensemble global du système de production ne sont pas généralement faites puisqu'il n'existe pas de méthode rationnelle pour la conception des systèmes de production.

Dans certains cas, des hypothèses limitatives sont faites selon la nature des problèmes considérés. En conséquence, l'impact des solutions proposées était dans la plupart des cas limité et décevant. Le processus de conception implique une grande interaction entre ce que l'on veut atteindre (les objectifs) et comment le faire (les solutions), comme cela est illustré en figure 6.3. Les objectifs d'une conception sont déterminés dans le domaine fonctionnel (qualité, délai de réponse aux commandes des clients…), alors que les solutions sont générées dans le domaine physique (spécifications des machines, tâches de travail…). Le processus de conception implique la sélection des « paramètres de conception » qui satisfassent indépendamment les « requis fonctionnels ».

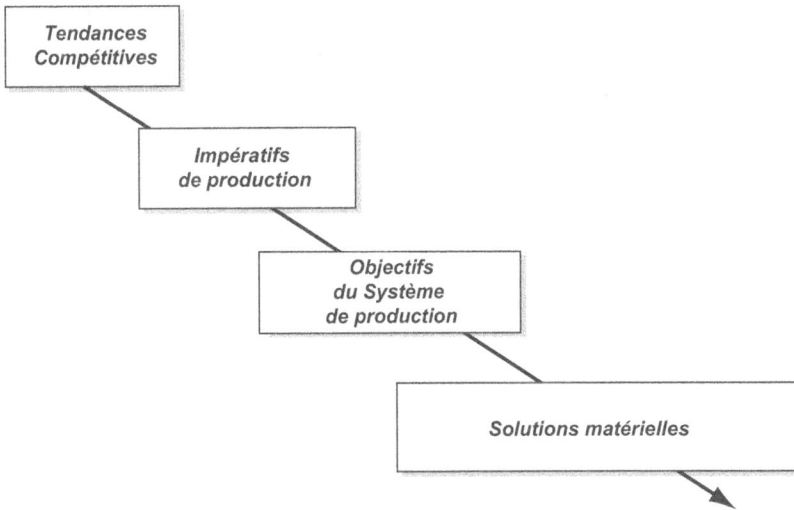

Figure 6.3 : Cadre pour la conception des systèmes de production

Les impératifs et les solutions qui permettent de développer des architectures de systèmes efficaces et intelligentes seront explicités dans la suite de cet ouvrage.

Les bénéfices que l'on peut tirer de ce cadre sont multiples. En voici quelques-uns :
(1) Capacité à décrire et distinguer concrètement entre divers concepts de gestion des systèmes de production.
(2) Adaptabilité à presque tous les produits et tous les environnements de production.
(3) Capacité à concevoir de nouvelles architectures de systèmes pour atteindre de nouveaux objectifs (par exemple, déterminer de nouvelles conceptions quand les impératifs ou les solutions changent).
(4) Portabilité de la méthodologie de conception à travers les industries (automobile, aéronautique…).
(5) Identification des impacts des solutions de bas niveau sur la performance globale du système.
(6) Création d'une fondation pour le développement de nouveaux ensembles de mesures de performance de la production.
(7) Identification des liens entre, d'un côté, les requis de la conception des machines et des outils et, de l'autre, les objectifs globaux du système de production.

La conception d'un système de production doit prendre en considération la production de plusieurs variétés de produits, au plus bas coût possible, avec la parfaite qualité, livrées à temps au client et dans un délai acceptable.

Ces pré-requis seront appliqués dans la prochaine section à des environnements de production répétitive d'unités discrètes.

4. Problèmes et solutions à la production

Le cadre qui sera discuté dans cette section permet de créer des relations organiques entre les différentes facettes d'un système de production et les objectifs qu'il cherche à atteindre ; ce cadre logique et systématique est explicable et communicable à l'ensemble de l'organisation. Tout aussi important, il a pour objet de fournir une approche de conception et de mise en œuvre d'une conception optimale d'un système de production qui serait quasi indépendante du produit sous-jacent. Cela signifie que ce cadre peut créer des systèmes de production applicables à n'importe quel environnement de produits discrets, indépendamment des volumes et des types de produits.

4.1. Aperçu général

À
mémoriser

Voici les deux éléments qui composent ce cadre :

• six catégories de solutions pour une conception cellulaire ;

• douze étapes pour la mise en œuvre d'une disposition cellulaire.

La décomposition des objectifs principaux de la production en des solutions plus concrètes est montrée à la figure 6.4. Elle permet d'identifier les relations qu'entretiennent les différents éléments du système de production pour réduire et éliminer le gaspillage. Elle fournit un moyen systématique pour identifier les objectifs, aussi nommés « requis fonctionnels », et les solutions correspondantes, également appelées « paramètres de conception ». En d'autres mots, cette décomposition identifie le pourquoi de la conception du système de production, et non seulement le « comment » que Toyota a implémenté dans ses usines. Shingo, un ingénieur qui enseigna et développa le système de production de Toyota (TPS), a bien insisté sur la connaissance des « Pourquoi », et non seulement des « Comment ».

Objectif global	Maximisation du retour sur investissement long terme					
Solution	Conception du système de production					
Objectifs niveau I	(1) Maximisation des revenus des ventes		(2) Minimisation des coûts de production			(3) Minimisation des investissements sur la vie du système
Solutions	Production pour maximiser la satisfaction des clients (2, 3)		Élimination des sources de coût n'ajoutant pas de valeur au produit (3)			Investissement basé sur une stratégie long terme
Objectifs niveau II	(1) Production aux spécifications du produit	(2) Livraison des produits dans les délais impartis	(3) Satisfaction des délais attendus par le client	(1) Réduction du gaspillage dans la main d'œuvre directe	(2) Réduction du gaspillage dans la main d'œuvre indirecte	
Solutions	Processus de production avec écarts minimaux de la cible (2, 3)	Identification et résolution rapides des perturbations (3)	Prévisibilité des sorties (3)	Réduction du cycle moyen de production	Elimination des tâches manuelles sans valeur ajoutée (2, 3)	Réduction des tâches de la main d'œuvre indirecte (3)

Figure 6.4 : Les objectifs de haut niveau d'un système de production

Les numéros qui figurent à la fin de chaque solution indiquent que les solutions développées n'affectent pas seulement les objectifs correspondants mais aussi d'autres objectifs, auxquels les numéros se réfèrent. Dans un tel environnement, l'ordre d'implémentation des solutions devient important. Ainsi, sont d'abord implémentées les solutions qui affectent le plus d'objectifs. Celles qui affectent le moins d'objectifs le sont ensuite. La connaissance des dépendances permet de guider les étapes de l'implémentation.

4.1. Déterminer les objectifs du système

La première étape dans la conception d'un système de production est de déterminer les requis fonctionnels de haut niveau du système. Les impératifs du client doivent être transformés en des objectifs pour le système. Il peut donc y avoir plusieurs ensembles possibles de requis qui doivent être respectés simultanément dans la conception du système de production. Dans tous les cas, l'objectif de la fonction de production dans une entreprise du point de vue à la fois des actionnaires, des salariés et des clients doit être la « maximisation du retour sur investissement long terme ». Il est intéressant de noter qu'il y a trois clients très différents pour les systèmes de production : les actionnaires (propriétaires), les employés (clients internes) et les clients finaux des produits créés par le système (clients externes). L'objectif global tient compte essentiellement des intérêts des propriétaires mais les solutions qui sont mises en place pour les atteindre doivent refléter les besoins des clients internes et externes.

4.2. Opter pour les solutions adéquates

L'étape suivante de la conception est de déterminer les solutions qui doivent répondre aux objectifs. Pour un ensemble donné d'objectifs, il peut y avoir plusieurs solutions de conception. Dans la suite, nous présenterons un exemple qui illustre la construction des solutions et le processus de leur sélection. Par exemple, pour satisfaire l'objectif global du système, on peut choisir l'une des deux solutions suivantes : (S1) l'architecture du système de production ou (S2) la minimisation du coût de la production. Les conséquences qu'implique le choix de la première ou de la seconde solution sont radicalement différentes.

4.3. Concrétiser les solutions

Une fois que l'impératif global du système et que la solution correspondante sont définis, l'étape suivante dans la conception consiste à analyser la solution développée. Si cette dernière est suffisamment concrète pour être implémentée, il n'est plus nécessaire d'aller plus loin dans la décomposition. Si ce n'est pas le cas, l'impératif global est décomposé en des objectifs intermédiaires, et il faut développer des solutions encore plus concrètes à ces objectifs. Comme l'impératif global est la « maximisation du retour sur investissement long terme », il est possible de le décomposer sous la forme des trois objectifs intermédiaires suivants : (a) maximiser les revenus des ventes, (b) minimiser les coûts de production et (c) minimiser l'investissement global sur la durée de vie du système de production. Ces objectifs intermédiaires sont dérivés de la notion de profitabilité qui devrait être le but ultime de toute entreprise de production.

Le retour sur investissement (ROI) est donné par la formule suivante dont la maximisation donne les trois objectifs intermédiaires précédents:

$$ROI = \frac{Ventes - Coûts}{Investissements} \qquad \text{(équation 6.1)}$$

Nous allons maintenant examiner les solutions détaillées qui seront adoptées dans les deux cas de solutions globales (S1) et (S2). Considérons d'abord la solution (S2) : minimisation des coûts de production. Dans ce cas, les solutions par rapport aux objectifs intermédiaires peuvent être présentées comme suit (en se basant sur la situation du monde de la production en 1915 quand les systèmes de production de masse étaient à leur apogée) : (S2-1) produire aussi vite que possible pour maximiser les ventes, (S2-2) minimiser le coût unitaire pour réduire les coûts et (S2-3) machines fonctionnant un temps maximum (haute utilisation) pour réduire le coût des investissements initiaux. Cette conception était développée quand la demande était illimitée pour des véhicules à bas prix. Pour contrôler le coût, les systèmes de production de masse appliquèrent ces solutions. Cela explique aussi la configuration actuelle des systèmes de production de masse. La solution (S1) décrit l'environnement d'aujourd'hui. La source de « l'autorité économique » n'est plus le producteur, mais le client. Des solutions plus concrètes aux objectifs intermédiaires de cette solution sont (S1-1) la production pour maximiser la satisfaction des clients, (S1-2) l'élimination des sources de coût sans valeur ajoutée, et (S1-3) l'investissement basé sur une stratégie à long terme. Ce second type de systèmes de production est conçu pour augmenter les revenus de ventes en diminuant les coûts et l'investissement tout en produisant les produits voulus par les clients, quand ils sont voulus. Il s'agit là des éléments clés de la satisfaction des clients dans le contexte que nous connaissons aujourd'hui.

Les figures 6.5 et 6.6 qui suivent illustrent la décomposition de l'impératif global dans les cas des solutions (S1) et (S2) respectivement.

Objectif global	Maximisation du retour sur investissement long terme		
Solution	(S1) Conception du système de production		
Objectifs Intermédiaires	(1) Maximisation des revenus des ventes	(2) Minimisation des coûts de production	(3) Minimisation des investissements sur la vie du système
Solutions	(S1-1) Production pour maximiser la satisfaction des clients (2, 3)	(S1-2) Elimination des sources de coût n'ajoutant pas de valeur au produit (3)	(S1-3) Investissement basé sur une stratégie long terme

Figure 6.5 : Attributs du système de production dans la cadre de la solution S1

Objectif global	Maximisation du retour sur investissement long terme		
Solution	(S2) Minimisation des coûts de la production		
Objectifs Intermédiaires	(1) Maximisation des revenues des ventes	(2) Minimisation des coûts de production	(3) Minimisation des investissements sur la vie du système
Solutions	(S2-1) Produire aussi vite que possible pour maximiser les ventes (2, 3)	(S2-2) Minimiser le coût unitaire par produit (3)	(S2-3) Utilisation maximale des machines

Figure 6.6 : Attributs du système de production dans la cadre de la solution S2

4.4. Analyser les dépendances

Une fois que les objectifs intermédiaires et les solutions correspondantes pour aboutir à l'objectif global du système de production sont arrêtés, il faut analyser les dépendances fonctionnelles des objectifs et des solutions. Idéalement, les solutions sont sélectionnées de manière à affecter exactement leurs objectifs intermédiaires respectifs. Si chaque solution affecte un et un seul objectif intermédiaire, la conception est dite non couplée, et elle est entièrement contrôlable (chaque objectif peut être atteint séparément en contrôlant la solution correspondante). Si, en revanche, une solution peut affecter plus d'un objectif intermédiaire, la conception est dite couplée. Elle est dans ce cas partiellement contrôlable et l'ordre d'implémentation des solutions devient très important. En 1915, la conception était couplée et la vitesse de production (S2-1) affectait les autres objectifs de coûts et d'investissements. L'ordre d'implémentation était ainsi très important et le choix qui s'est imposé naturellement était (S2-1), (S2-2), puis (S2-3). La vitesse de production (S2-1) affectait le coût unitaire des produits (S2-2) et l'utilisation des machines (S2-3).

Pour accroître les revenus des ventes, la solution des ingénieurs était de produire plus de volumes. Cette solution engendra la division extrême du travail, les méthodes de gestion scientifique et le mécontentement des opérateurs suite à l'élimination des compétences de leur travail. Aussi l'affirmation, maintenant devenue classique, « Vous pouvez choisir n'importe quelle couleur pour votre véhicule pourvu que ce soit le noir » était le résultat d'une pression énorme pour produire plus de volumes (en réduisant le cycle des opérations) dans les usines Ford. Comme la peinture noire séchait plus rapidement que n'importe quelle autre couleur, elle contribuait à la réduction du cycle de production. Par ailleurs, l'utilisation maximale des machines justifia les grands investissements pour éliminer la main-d'œuvre directe dans une optique de grandes économies d'échelle. La pensée de l'époque était que l'efficacité des investissements était réalisée en faisant fonctionner les machines un maximum de temps. Bien entendu, quand la demande pour un produit est illimitée, cette réflexion est juste. De plus, (S2-1) avait un grand effet sur le coût de la production. Les machines étaient conçues pour produire aussi rapidement que possible pour réduire le coût de la main-d'œuvre par unité produite (qui était de plus de 80 % en 1915). La conception supposait qu'un opérateur était à chaque station ou chaque machine.

Une analyse similaire pourrait être conduite pour la solution (S1) représentant l'environnement d'aujourd'hui : (S1-1), la production pour maximiser la satisfaction des clients, affecte les autres objectifs de coûts et d'investissements, et il est impératif d'avoir une stratégie pour la maximisation de la satisfaction des clients avant d'implémenter : (S1-2) l'élimination des sources de coût n'ajoutant pas de la valeur au produit final, et (S1-3) l'investissement basé sur une stratégie long terme. Ces différences de conception montrent comment la philosophie des systèmes change avec le temps. Aujourd'hui, (S2-1), produire aussi vite que possible, ne satisfait plus l'objectif intermédiaire de la maximisation des ventes car il n'est plus certain que les produits fabriqués seront vendus. Quand les vrais objectifs de la production ne sont plus atteints, la conception n'est plus adéquate et doit être changée.

Pour résumer

Ce chapitre a permis de présenter un cadre de conception entièrement basé sur une approche scientifique pour la conception des systèmes. Son originalité tient à sa capacité à mettre la plupart des paramètres importants de la production sur « la même page ». Cela permettra de mieux appréhender les concepts discutés dans le deuxième chapitre. Aussi, et comme toute approche scientifique, il s'agit de fournir une méthodologie pour la réflexion, la prise de décision, la communication et la concrétisation des idées. Cette méthodologie permet de mieux approcher et concevoir les systèmes de production dans de multiples industries.

CHAPITRE 7

Des solutions pour les systèmes de production

Quelle perspective dans ce chapitre ?

Les solutions pour la gestion de la production qui seront développées dans ce chapitre reposent sur la méthode de décomposition, qui a été rapidement présentée dans le chapitre précédent. Elles sont classifiées en six catégories différentes selon les impératifs auxquels elles cherchent à répondre. Ces solutions sont mises en place pour la conception générale d'un système produisant des unités discrètes. L'impératif principal de système de production, « Maximisation du retour sur investissement sur le long terme », a été choisi en raison de son caractère très large et général. Les solutions à cet impératif n'en sont pas moins très spécifiques et fournissent donc bien des détails sur la conception des systèmes de production, tant sur les spécifications des machines que les boucles de travail, la stabilité des processus de fabrication...

Le cadre de conception des systèmes de production présenté dans ce chapitre décompose l'impératif principal « Maximisation du retour sur investissement à long terme ». Ce dernier doit être le vrai objectif d'une entreprise de production, ou de la production dans une entreprise quelconque. Les impératifs intermédiaires de deuxième niveau explorent comment l'impératif principal du système pourra être atteint. Pour cela, les ventes doivent être maximisées, les coûts de la production ainsi que les investissements sur l'ensemble de la vie du système de production doivent être minimisés. Au troisième niveau, ces impératifs sont eux-mêmes décomposés plus en détail en d'autres impératifs plus concrets : produire aux spécifications du produit, livraison des produits à temps, satisfaire les attentes des clients en matière de délais de livraison, réduction du gaspillage dans la main-d'œuvre directe, réduction du gaspillage dans la main-d'œuvre indirecte. La figure 6.4 du chapitre précédent montre les relations organiques de causalité qu'entretiennent les impératifs de haut niveau ; ce sont elles qui permettent d'aboutir aux six catégories d'objectifs et de construire les solutions correspondantes qui seront décrites dans la suite de ce chapitre.

1. Les six catégories d'impératifs et de solutions

Au niveau inférieur de la figure 6.4, on trouve les objectifs de bas niveau correspondant à l'objectif global du système ; ils sont classifiés en plusieurs catégories : la qualité, l'identification et la résolution des problèmes, la prédictibilité des sorties, la réduction des délais, la main-d'œuvre directe, la main-d'œuvre indirecte. Ces six sous-ensembles d'impératifs, montrés en figure 7.1, sont décrits plus en détail ci-après.

Qualité	Identification et résolution des problèmes	Prévisibilité des sorties	Réduction des délais	Optimisation de la main-d'œuvre directe	Optimisation de la main-d'œuvre indirecte

Figure 7.1 : Les six catégories d'impératifs et de solutions

Dans la section qui suit nous discuterons plus en détail les six catégories précédentes, l'objectif ultime de cette analyse étant d'arriver à des solutions d'optimisation des systèmes de production les plus concrètes possibles, qui puissent ainsi être aisément mises en place dans les usines.

2. Des solutions pour la qualité

D'un point de vue purement technique, la qualité implique la création de produits qui satisfont les spécifications préalablement établies pour eux. Il s'agit donc, et avant tout, d'une question qui relève des processus et de leur capacité à produire dans des limites acceptables autour des spécifications cibles. Ainsi trois impératifs doivent être satisfaits par les différents processus de production : leur capacité à opérer dans les limites acceptables de contrôle (le mot acceptable signifie que, même si le produit n'est pas parfait, il n'est pas considéré comme défectueux), leur moyenne, qui doit être égale à la moyenne cible, et enfin leur variabilité en termes de sorties qui doit être minimale. Le tableau suivant résume les solutions qui doivent être mises en place pour répondre à ces trois impératifs :

Impératif	Objectifs intermédiaires	Solutions correspondantes
Capacité à opérer dans les limites acceptables de contrôle	• Élimination des causes identifiables liées aux machines • Élimination des causes identifiables liées aux opérateurs • Élimination des causes identifiables liées aux méthodes • Élimination des causes identifiables liées aux matériaux	• Analyse des modes de fatigue et de leurs effets • Sorties stables des opérateurs • Conception des plans des processus • Programmes de qualité chez les fournisseurs
Capacité à aligner la moyenne résultante sur la moyenne cible	• Élimination de l'écart entre la moyenne résultante et la moyenne cible	• Ajustement des paramètres des processus
Capacité à minimiser (et éventuellement éliminer) la variabilité des résultats des processus	• Réduction des variations dans les sorties des processus • Réduction de l'impact des variations dans les entrées sur la qualité des sorties	• Conversion des causes communes en des causes identifiables • Conception de processus robustes

Figure 7.2 : Des solutions pour la qualité

Ainsi, pour atteindre une qualité parfaite ou du moins optimale, les processus de production doivent être stables, centrés autour de la moyenne cible, et présentant des variances minimales. L'exemple qui suit illustre par une approche statistique les différents comportements d'un processus donné et permet de comprendre l'importance des solutions mises en œuvre pour atteindre les impératifs de la qualité.

La figure 7.3 montre des exemples de diagrammes de contrôle statistique pour des processus aux caractéristiques différentes (MONTGOMERY *et al.*, 1996). Le premier graphe illustre un processus instable qui ne peut rester dans les limites de contrôle acceptables. Le deuxième graphe illustre un processus stable qui reste dans des limites acceptables mais qui n'est pas centré sur la moyenne cible. Le troisième graphe illustre un processus stable dont la moyenne est égale à la moyenne cible mais avec de grandes variations par rapport à cette dernière. Enfin, le quatrième graphe représente un processus stable centré autour de la moyenne cible avec une variance très réduite. Pour obtenir ce processus, toutes les causes des variations ont été identifiées (machines, opérateurs, méthodes et matériaux) et ont été éliminés. Le processus amélioré produit des unités avec un écart minimal par rapport à la moyenne cible.

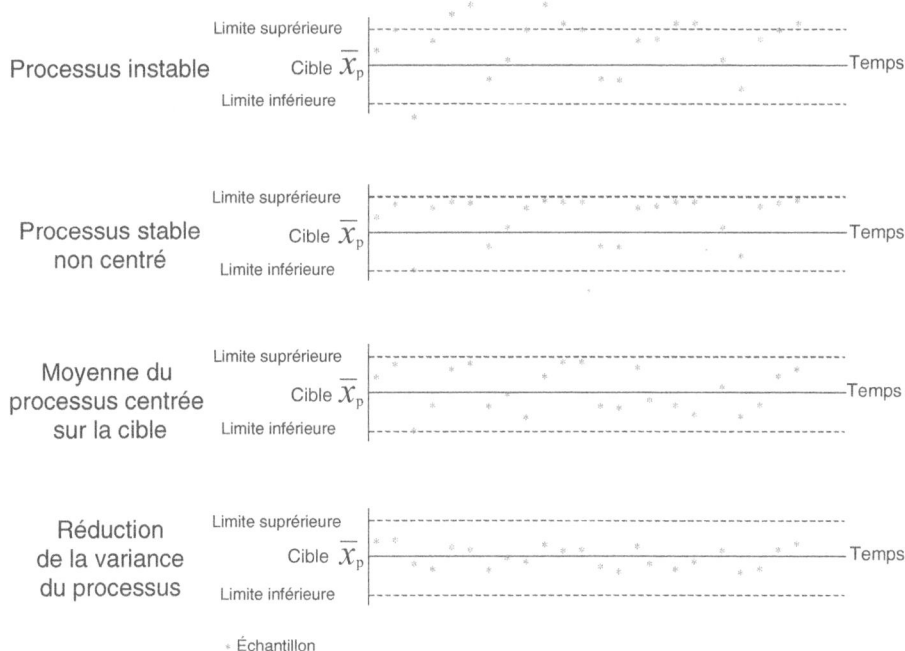

Figure 7.3 : Diagramme statistique de contrôle de processus montrant des processus avec différentes caractéristiques

3. Des solutions pour l'identification et la résolution des problèmes

L'identification et la résolution rapide des problèmes de production sont des aspects extrêmement importants pour la réussite d'une entreprise de production. En effet, tout retard dans l'identification et la résolution des problèmes engendre des conséquences qui peuvent être, dans certains cas, dramatiques pour l'entreprise. Parmi celles-ci on peut citer : (1) coûts liés à la création de produits défectueux (rectification, temps des opérateurs, image de marque…), (2) coûts liés aux arrêts de production, (3) temps perdus par les opérateurs cherchant le support nécessaire pour la résolution des problèmes, (4) temps perdu par les ingénieurs et les opérateurs à rechercher les origines des perturbations… L'architecture du système de production doit tout simplement permettre aux opérateurs et aux ingénieurs d'identifier et résoudre les problèmes et les perturbations de production le plus rapidement possible, idéalement en temps réel. Les impératifs et les objectifs intermédiaires du système de production dans ce domaine, ainsi que les solutions développées pour les atteindre, sont résumés dans le tableau suivant :

Impératif	Objectifs intermédiaires	Solutions
Identification rapide des perturbations de production	• Identification des perturbations dès qu'elles se produisent	• Augmentation des fréquences d'échantillon-nage de l'état des équipements
	• Identification de l'endroit des perturbations	• Trajectoires simplifiés des flux des matériaux
	• Identification de l'origine des perturbations	• Feed-back sensible au contexte
Communication des problèmes au support adéquat	• Identification du support adéquat	• Création de supports spécifiques pour chaque catégorie de problèmes
	• Minimisation du délai nécessaire pour contacter le support adéquat	• Procédures pour le contact rapide du support
	• Minimisation du temps nécessaire au support pour comprendre la perturbation	• Système qui convie l'origine de la perturbation
Résolution immédiate des problèmes	• Réduction du temps nécessaire pour la résolution des problèmes	• Méthodes standards pour l'élimination de l'origine de la perturbation

Figure 7.4 : Branche identification et résolution des problèmes

La reconnaissance des problèmes comprend l'identification des perturbations en termes de lieu et de temps, ainsi que l'origine et la nature de la perturbation. La communication implique l'identification, l'entrée en contact avec les bonnes ressources de support, et enfin la mise à disponibilité des informations nécessaires et suffisantes pour la résolution rapide des perturbations. La figure 7.5 illustre graphiquement une ligne de temps de l'apparition d'une perturbation dans le système de production jusqu'à sa résolution finale. Il est alors aisé de comprendre que les solutions de la figure 7.4 sont mises en place surtout pour réduire les différents intervalles de temps de la figure 7.5. Quand ces solutions sont respectées, appliquées rapidement dans l'identification et la résolution des perturbations de la production, la variabilité du cycle de production dans le système peut être sensiblement réduite.

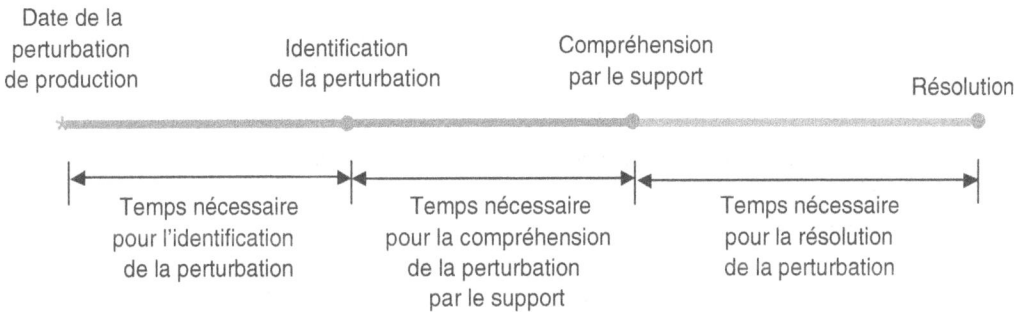

Figure 7.5 : Ligne de temps pour la résolution des perturbations de production

4. Des solutions pour la prédictibilité des sorties

L'impératif principal pour le système de production dans ce domaine (prédictibilité des sorties) est la minimisation des perturbations dans les processus de production. Pour y parvenir, il est impératif d'avoir des ressources prévisibles de production. Le tableau suivant résume les solutions qui sont mises en place pour répondre aux impératifs de ce domaine :

Impératif	Objectifs intermédiaires	Solutions
Disponibilité des informations de production	• Conception du système d'information	• Système d'information capable et fiable
Prévisibilité des sorties des équipements	• Équipements facilement entretenus • Maintenance régulière de l'équipement	• Machines conçues pour une maintenance aisée • Programme de maintenance régulière préventive
Prévisibilité des sorties des opérateurs	• Réduction de la variance dans le temps d'accomplissement des tâches • Disponibilité des opérateurs • Continuité de la production en dépit des pauses des opérateurs	• Méthodes de travail standards permettant un cycle constant • Programme de présence ponctuelle • Système d'aide mutuelle avec des opérateurs polyvalents
Disponibilité des matériaux de production	• Disponibilité des composants pour les opérateurs • Ponctualité de l'arrivée des composants	• Standardisation des stocks intermédiaires entre les sous-systèmes • Composants progressant vers l'aval selon le pitch

Figure 7.6 : Solutions pour la prévisibilité des résultats

Ce tableau montre quatre aspects différents de la conception du système qui doivent être prévisibles afin que ce dernier puisse livrer des sorties qui soient également prévisibles : information pour la production, équipement, opérateurs et matériaux.

Ces quatre aspects sont représentés dans le diagramme d'arête de la figure 7.7 (MONTGOMERY *et al.*, 1996). Avec des ressources de production prévisibles, la variabilité dans le cycle de production du système sera réduite.

Ressources imprévisibles   **Effets**

Information

Opérateur

Perturbations
de production

Equipement

Matériaux

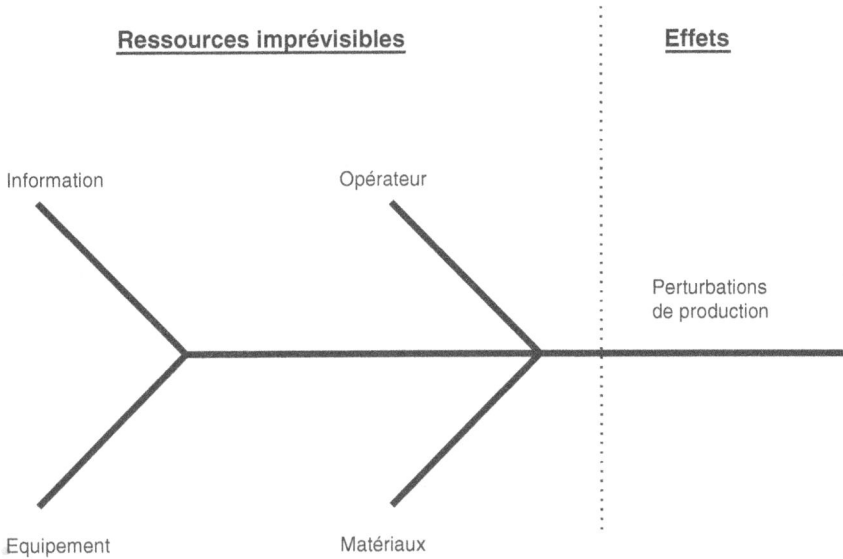

Figure 7.7 : Diagramme en arête montrant des ressources
imprévisibles causant des perturbations de production

5. Des solutions pour la réduction des délais

L'impératif principal dans ce domaine est d'atteindre des temps de réponse aux commandes des clients que ces derniers trouvent acceptables. Ces temps varient énormément d'une industrie à une autre et d'un produit à un autre ; par exemple, il est naturel qu'un client attende la livraison d'un avion un an, alors que, pour les automobiles, ce délai est aux alentours d'un mois, que pour les commodités et les produits de grande consommation il est nul, et les consommateurs les exigeant sans aucun délai d'attente. Ce temps est constitué d'un premier temps de traitement de la commande (qui est généralement très court) et un temps de production afin de pouvoir livrer les produits commandés. Ainsi l'objectif principal dans ce domaine se concentre-t-il essentiellement sur la réduction de la moyenne du cycle de production. Pour atteindre cet objectif, cinq types de délais doivent être réduits : le délai de lot, le délai de processus, le délai de variété, le délai de transport et les délais systématiques d'opérations. En réduisant tous ces types de délais, il est possible de réduire la moyenne du cycle de production du système.

Impératif	Objectifs intermédiaires	Solutions
Réduction des délais de lot	• Réduction des tailles de lots	• Réduction des tailles de lots (flux à pièce unique)
Réduction des délais de processus (causés par un taux d'arrivée supérieur au taux de sortie)	• Définition du (des) cycle(s) de la demande client • Assurer que le cycle de production soit égal au cycle unitaire de la demande client • Assurer que le taux d'arrivée des composants soit égal au taux de service (ta = ts)	• Classification des clients pour répondre à leurs cycles dans les délais • Sous-systèmes conçus pour répondre aux cycles de la demande client • Arrivée des composants vers aval selon le pitch
Réduction des délais de variété	• Disponibilité des mixes des produits demandés (types et quantités des composants) • Production de petites quantités des variétés	• Flux de l'information de l'aval à partir des clients • Conception de changements rapides des outils et équipements
Réduction des délais de transport	• Réduction des distances parcourues par les produits	• Disposition des machines suivant le flux des matériaux
Réduction des délais opérationnels systématiques	• Assurer que les ressources de support n'interfèrent pas avec les ressources de production • Assurer que les ressources de production n'interfèrent pas les unes avec les autres • Assurer que les ressources de support n'interfèrent pas les unes avec les autres	• Sous-systèmes configurés pour séparer les requis de la production et du support en termes d'accès • Assurer la cohérence et la séparation des trajectoires de travail des opérateurs de production • Assurer la cohérence et la séparation des trajectoires des opérateurs de support

Figure 7.8 : Des solutions pour la réduction des délais

Le délai de lot est le temps perdu quand les pièces d'un lot attendent les autres pièces du même lot pour être transportées ou traitées. La réduction de la taille des lots permet de réduire ce délai, et un flux à pièce unique l'éliminera complètement.

Le délai de processus est le temps perdu quand un lot entier attend la fin de traitement d'un autre lot, lors du même processus. Si le taux d'arrivée des composants à la station est supérieur au taux de traitement de la station, le délai de processus apparaît. Le délai de variété est le temps perdu en attendant la production d'un type de composants, car, pendant ce temps, le système est dédié à la production de composants d'autres types. Pour réduire ce délai, il faut réduire la taille des variétés. Ce qui implique à son tour que la question des changements d'outils et de temps de mise en place des outils doit être posée et résolue.

À savoir

De façon typique, les changements d'outils sont trop lents et très consommateurs en temps pour pouvoir réduire les tailles des variétés, cependant, des tailles de variétés très grandes réduisent la réactivité du système de production. La réduction de la taille des variétés rend le système de production plus sensible à la demande des clients. L'alternance de la production de différents types de composants avec des tailles de variétés réduites est appelée le nivellement.

Le délai de transport est le temps correspondant au transport des composants entre les machines ou les stations. Ce délai peut être énormément réduit par une disposition du système de production qui prend en considération le flux des matériaux. Le délai systématique opérationnel est le temps perdu quand les ressources de production ou les ressources de support s'interfèrent entre elles ou les unes avec les autres. Les ressources de production peuvent interférer les unes avec les autres. Cela peut arriver par exemple si deux opérateurs ont besoin d'utiliser la même machine en même temps. Les ressources de support peuvent interférer les unes avec les autres si, par exemple, les chemins des manutentionnaires se croisent lorsque ces derniers accomplissent leurs tâches. Enfin, les ressources de support peuvent interférer avec les ressources de production quand, par exemple, les manutentionnaires interrompent la production lors du remplissage.

6. Des solutions pour la main-d'œuvre directe

L'objectif principal du système de production dans ce domaine est la réduction du gaspillage dans la main-d'œuvre directe par le biais de l'élimination de tâches manuelles qui n'ajoutent aucune valeur au produit final.

Ainsi, tous les types de gaspillage en relation avec les opérateurs de production doivent être éliminés. Trois types de gaspillage de la main-d'œuvre directe ont été identifiés : attente devant les machines, mouvements non nécessaires, et attente pour d'autres opérateurs. Le temps et les compétences des opérateurs ont une très grande valeur, et des efforts doivent être accomplis pour utiliser effectivement la main-d'œuvre et éviter les activités sans valeur ajoutée. Les solutions développées pour l'élimination des activités de la main-d'œuvre directe sans valeur ajoutée sont montrées figure 7.9.

Impératif	Objectifs intermédiaires	Solutions
Élimination de l'attente des opérateurs devant les machines	• Réduction du temps passé par les opérateurs à chaque station accomplissant des tâches sans valeur ajoutée • Opérateurs travaillant sur plus d'une machine/station	• Machines & stations conçues pour fonctionner de façon semi-automatique • Opérateurs formés pour opérer plusieurs stations
Élimination des mouvements inutiles des opérateurs	• Minimisation des mouvements inutiles des opérateurs entre les stations • Minimisation des mouvements inutiles des opérateurs lors de la préparation du travail • Minimisation des mouvements inutiles des opérateurs dans les tâches de production	• Configurations des stations pour réduire les distances à parcourir • Outils/équipement standard situés à chaque station (5S) • Ergonomie de l'interface opérateur/fixation/machine
Élimination de l'attente des opérateurs pour d'autres opérateurs	• Minimisation des temps d'attente pour les autres opérateurs	• Boucles de travail équilibrées

Figure 7.9 : Des solutions pour la main-d'œuvre directe

7. Des solutions pour la main-d'œuvre indirecte

L'impératif pour le système de production dans le domaine de la main-d'œuvre indirecte est avant tout la réduction du gaspillage dans les ressources indirectes utilisées pour la production. Le tableau suivant résume les impératifs du système de production ainsi que les solutions développées dans ce domaine :

Impératif	Objectifs intermédiaires	Solutions
Amélioration de l'efficacité des managers de la production	• Managers proches des opérations	• Équipes auto-dirigées (organisation horizontale)
Élimination des perturbations liées à l'information	• Disponibilité de l'information	• Flux simplifié de l'information (usine visuelle)

Figure 7.10 : Des solutions pour la main-d'œuvre indirecte

Pour répondre à l'impératif de la main-d'œuvre indirecte, la production doit être gérée plus efficacement, et l'information concernant la planification de la production doit être disponible et fiable. Pour atteindre cet objectif, la solution organisationnelle consiste à aplatir la hiérarchie verticale dans le système de production de telle sorte que l'information soit rapidement échangée entre les managers et les opérateurs. Quand l'information circule rapidement et facilement, les gaspillages dans les activités de la main-d'œuvre indirecte peuvent être énormément réduits. Il est impératif de souligner la différence entre organisation verticale et organisation horizontale. La première met l'accent sur les fonctions des employés et non sur la nature de produit sur lequel ils travaillent. Une organisation horizontale met l'accent sur les diverses équipes qui travaillent chacune sur un modèle de produit, ce qui encourage l'esprit de coopération.

Pour résumer

Dans ce chapitre, nous avons présenté six catégories d'impératifs que doit satisfaire un système de production pour être optimal. Ces impératifs ont été traduits en des objectifs pour le système. Puis, en réponse à ces objectifs, nous avons aussi développé des solutions concrètes qui peuvent être mises en place *in situ* dans les usines. Dans le chapitre suivant, nous allons montrer qu'un système en cellules liées répond effectivement à tous ces impératifs. Un plan détaillé de mise en place de cette solution sera proposé.

CHAPITRE **8**

Le processus de mise en place d'un système de production cellulaire

---

Quelle perspective dans ce chapitre ?

Il est maintenant possible d'établir le processus de mise en œuvre d'un système de production en utilisant les solutions établies dans le chapitre précédent. La démarche décrite précédemment permet de décomposer des objectifs de la production tels que la qualité, le coût, la réactivité et la flexibilité, en des solutions détaillées et exécutables. Une fois que le système de production est conçu pour répondre aux objectifs de l'entreprise, un processus de mise en œuvre calqué sur ces objectifs doit être suivi pour la réalisation physique du système. Ce chapitre est consacré à la description détaillée du processus de mise en place.

1. Les grandes lignes de conception

1.1. Notion d'échelle

Le premier élément à prendre en compte dans la conception du système de production est la notion d'échelle. À une échelle « microscopique », les détails les plus subtils des postes de travail individuels sont considérés : l'ordonnancement, le séquencement et le niveau d'automatisation de chaque machine deviennent significatifs pour la conception des équipements du système. À un plus haut niveau (échelle « macroscopique »), l'ensemble du système de production est modélisé comme une seule entité, et des attributs adéquats lui sont affectés dans le cadre d'une chaîne de valeur plus étendue, prenant en considération les fournisseurs et les clients. Les différents niveaux d'échelle qui seront pris en considération ici incluent, du plus détaillé au plus général, les opérations, les cycles élémentaires d'opérations, les cellules, les cellules liées, le niveau usine et le niveau chaîne de valeur étendue. Dans les sections qui suivent, il sera montré que la conception du système de production implique un passage par tous les niveaux d'échelle, tout en tenant compte des exigences fonctionnelles et des solutions de conception de chaque élément du système.

1.2. Flux

L'analyse des flux dans les systèmes de production constitue une étape critique dans le processus de conception. Des deux types de flux, flux physiques et flux d'information, les premiers sont habituellement les plus faciles à percevoir. Il est, cependant, important de noter les discontinuités de flux qui peuvent être la conséquence de plusieurs phénomènes : les stocks intermédiaires, les files d'attente, les séquencements inadaptés des opérations, les flux inverses (des produits défectueux remontant la chaîne de valeur pour réparation par exemple). Les flux d'information sont plus difficiles à visualiser que les flux physiques. Comparativement au sens de circulation des flux physiques – du fournisseur au client final en passant par des processus ajoutant de la valeur au produit –, les flux d'information traversent le système en sens inverse : du client final au fournisseur. Les informations peuvent être de différents types en fonction des systèmes de production. Les systèmes de production traditionnels (production de masse, par lots) sont pilotés de façon typique par un processus de planification centralisé, utilisant parfois des outils tels que les MRP (*Materials Requirement Planning*). Dans les systèmes de production au plus juste, l'information sur la demande est transmise d'un processus en aval (pouvant être la demande du client final) au processus qui se trouve en amont dans la chaîne de valeur. Cette organisation permet une transmission de la demande réelle à des intervalles de temps fréquents. Les produits finis sont fournis juste à temps, dans les quantités et les variétés demandées avec un haut niveau de qualité. C'est le principe des flux tirés par la demande. En observant le flux d'information du client au fournisseur, il est important de rechercher les sources de distorsion de l'information sur la demande du client final. On doit se poser la question suivante : Quels sont les types de retards et de discontinuités qui peuvent perturber les flux d'information ? Une des réalisations majeures du système de production Toyota tient à ce que les flux physiques et les flux d'information soient clairement visibles partout dans le système; ce qui permet une identification et une réduction immédiate du gaspillage.

1.3. L'orientation

La conception des systèmes de production doit rester ciblée autour de la stratégie industrielle de l'entreprise. Les objectifs doivent être basés à la fois sur les besoins du client, les caractéristiques des produits finis, les processus, la structure de l'industrie et du marché servi. La stratégie industrielle, sous-ensemble de la stratégie globale de l'entreprise, est l'approche que l'appareil de production adopte pour maximiser les objectifs de profits et en tirer un avantage compétitif. Une stratégie industrielle typique définira l'orientation que le système doit adopter pour assurer la satisfaction du client et maximiser les profits tout en minimisant les risques. Les stratégies industrielles ne peuvent être déterminées qu'au cas par cas, parce que chaque décision implique la prise en compte simultanée de plusieurs variables. Les caractéristiques suivantes joueront un rôle dans la détermination de la stratégie industrielle appropriée :

1- caractéristiques du produit (coût des matières premières, effort de développement, dimension, volume de production total et flexibilité du volume de production) ;

2- caractéristiques du processus (investissement, capacité et flexibilité en capacité, degré d'innovation technologique, temps de cycle, prévisibilité du processus) ;

3- caractéristiques de la demande client (exigences de distribution, moyenne de la demande et écart type, degré de personnalisation et de différenciation du produit fini, canaux de communication avec le client, exigences de qualité) ;

4- caractéristiques du marché servi et de l'industrie (taille du marché, part de marché visée, durée du cycle de vie, évolution à long terme des caractéristiques de l'industrie et du marché).

En se basant sur toutes ces caractéristiques, une stratégie adéquate peut être conçue. Par exemple, une stratégie efficace typique pour l'organisation du système de production proprement dit est d'utiliser des cellules liées centrées sur le client (BLACK, 1991). Dans ces systèmes, le flux prend en considération la demande des clients, ce qui autorise une qualité supérieure, des temps de réponse et des coûts réduits. En raison du temps et des coûts considérables de leur développement, les systèmes de production sont conçus pour accommoder plusieurs générations de produits et de processus et technologies de production, permettant de soutenir des stratégies industrielles sur le long terme.

La conception de systèmes de production orientés donne aux entreprises un avantage compétitif considérable dans leurs marchés (LEE, 1998). L'un des premiers niveaux de décision dans la conception et l'implémentation des systèmes de production concerne la cible et le degré d'orientation. La décision d'orientation aura un grand impact sur la conception des flux physiques et des flux d'information au sein du système de production. Sans une définition claire d'orientation du système de production, ce dernier serait inefficace sans pour autant mettre en cause le niveau d'efficacité des composants individuels du système.

2. Cadre conceptuel

La figure 8.1 présente une version condensée du cadre conceptuel gouvernant le processus de conception des systèmes de production. Chaque élément dans cette représentation est un vecteur qui est associé à un domaine donné. La translation (*mapping*) est l'opération utilisée pour traduire les caractéristiques (nature des informations, actions) d'un domaine, de manière à les rendre exploitables par un autre. Ces vecteurs, listés ci-après, jouent un rôle primordial lors de la conception, la mise en œuvre et le contrôle du système.

Vecteur	Espace du vecteur
Besoins du client	Espace clients
Requis fonctionnels	Espace des fonctionnalités
Mesures de performance	Espace de contrôle
Contraintes	Limites de l'espace physique
Paramètres de conception	Espace physique
Variables de processus	Mise en œuvre

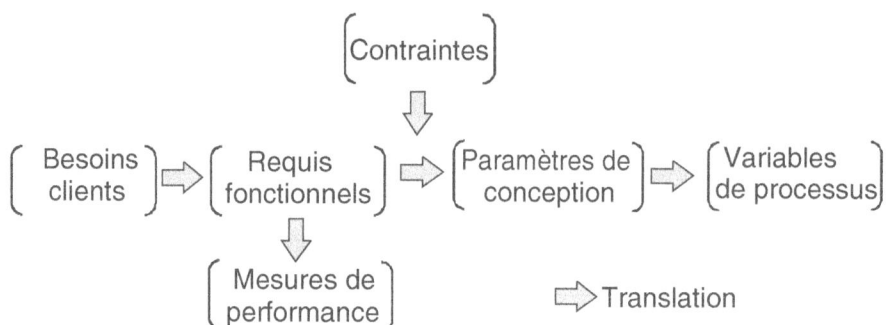

Figure 8.1 : Le processus de conception

Dans les deux sous-sections suivantes, nous allons mettre en évidences les rôles et responsabilités des managers et des ingénieurs lors de la conception du système de production.

2.1. Le rôle des dirigeants lors de l'implémentation

Le manager va influencer les paramètres globaux du système de production. Les objectifs globaux de la conception du système de production sont un sous-ensemble des objectifs stratégiques de l'entreprise, et seront probablement développés par la direction. Durant la phase de mise en œuvre, les managers piloteront le système en se basant sur les mesures de performance et les objectifs de haut niveau. Voici les responsabilités des managers du système de production dans le cadre conceptuel :

1- Créer un espace d'objectifs précis pour le système (stratégie), en adéquation avec les clients internes et externes, l'industrie, la technologie et la stratégie de l'entreprise. Être conscients de tous les objectifs du système de production, et de toutes les interactions possibles entre eux. Définir correctement l'espace client et identifier les objectifs requis par tous les clients du système.

2- Identifier et minimiser l'espace des contraintes. Ces dernières représentent des restrictions sur les paramètres de conception. La logique qui prévaut derrière toute contrainte perçue du système devrait être rigoureusement analysée en vue de minimiser l'ensemble des contraintes.

3- Définir un programme de suivi des mesures de performance. Le contrôle du système s'effectue à travers les mesures de performance qui mesurent directement la satisfaction ou non des prérequis fonctionnels du système. Les mesures de performance appropriées sont choisies pendant les phases de translation. Les systèmes d'information de l'entreprise doivent être alignés avec ces mesures de performance en vue d'un contrôle efficace du système.

4- Gérer la mise en place du système de production. Une fois la conception du système et la définition des solutions effectuées, le système peut être implémenté. Les niveaux hiérarchiques dans la conception guident le processus d'implémentation en assurant que les objectifs du système soient satisfaits à toutes les échelles. Certaines variables de contrôle du système peuvent être modifiées par les managers afin d'obtenir l'état désiré des requis fonctionnels.

2.2. Le rôle des ingénieurs et des opérateurs lors de l'implémentation

Les ingénieurs, par opposition aux managers, agissent sur les éléments du système à différents niveaux. Le rôle de l'ingénierie dans la conception de systèmes de production est centré de façon typique sur la recherche des meilleures solutions et approches qui sont réalisables aux niveaux inférieurs dans la hiérarchie de conception. Les opérateurs du système ont un rôle important vis-à-vis des ingénieurs parce leur expérience avec les processus de fabrication sera prise en compte dans les activités de conception. L'approche typique de l'ingénieur peut être résumée ainsi : Les solutions choisies satisfont-elles les objectifs ? Les solutions choisies affectent-elles d'autres objectifs ? Les solutions choisies sont-elles optimales ? L'étape finale, mais importante, dans le processus de conception, c'est de définir les niveaux les plus bas de la hiérarchie « objectifs/solutions » et de les traduire en des variables qui puissent être utilisées pour la conception des sous-systèmes. Cette étape précède la mise en œuvre physique du système de production, théorique jusque-là. À titre d'exemple, pour illustrer la notion de sous-systèmes du système de production, citons les éléments physiques : machines, opérateurs directs (équipes de travail), les ressources de support (matériel et personnel de maintenance, contrôle de production, personnel de gestion) et les départements fonctionnels (cellules, régions de stockage, transport, réception, achats). Il est difficile de préciser de manière définitive les sous-systèmes d'un système de production, parce que ces derniers sont souvent complexes et gouvernés par un grand nombre de variables. Cependant, les éléments suivants résument les principaux types de paramètres à prendre en considération lors de la définition des sous-systèmes :

1 - Les installations : dimension, emplacement, orientation.

2 - La capacité : dimensionnement des incréments de capacité, temps nécessaire à un changement de capacité.

3 - Niveau et sens (amont, aval) d'intégration verticale.

4 - Technologie du processus : équipement, automatisation, taille, flexibilité.

5 - La main-d'œuvre et l'encadrement : politique salariale, compétences, sécurité du travail.

6 - Logistique et planification : niveau de stocks, planification de la production, relation avec les fournisseurs.

7 - Organisation et performance : système de calcul des coûts, reporting de performance, hiérarchie d'organisation.

8 - Développement de produit : interface avec la fabrication, implication des fournisseurs.

9 - Qualité : gestion des programmes qualité.

10 - Gestion des partenaires : ampleur d'intervention et de collaboration.

Dans un système de production, les paramètres qui gouvernent les sous-systèmes considérés ont tendance à être quasiment ou complètement couplés. Un seul élément physique, tel qu'une machine, sera une structure intégrée, laquelle est une manifestation de plusieurs paramètres de conception.

3. Les étapes de la mise en place d'une production au plus juste

Dans les deux chapitres précédents, nous avons présenté la base théorique qui permet d'approcher la conception des systèmes de production. Une fois que le système de production a été conçu, son implémentation peut commencer. L'implémentation des systèmes de production exige que chaque composant ait été conçu dans le contexte du système, et que chaque composant soit correctement contrôlé. Une conception détaillée des sous-systèmes permettra une mise en place plus efficace du système de production. Les impératifs et les solutions explicités dans le chapitre précédent sont les ressources qui seront utilisées lors de la définition des étapes d'implémentation. Ces étapes ne doivent pas être envisagées comme une liste rigoureuse de contrôle qu'on doit appliquer à la mise en place des systèmes de production. Elles doivent plutôt être envisagées comme un plan pour guider les efforts de conception et d'implémentation. Ces étapes montrent que les décisions aux niveaux inférieurs sont dérivées des choix stratégiques de production et que l'état final du système n'est atteint qu'après plusieurs itérations d'améliorations des opérations de bas niveau. Les étapes de mise en place sont détaillées ci-après :

1- Alignement des systèmes de mesure de performances. La mesure de performance joue un rôle primordial dans l'architecture des systèmes de production. Dans la phase de conception, les requis fonctionnels, les solutions physiques et les mesures de performance du système entier sont créés. La structure de la mesure de performance à travers tous les niveaux de l'organisation doit être alignée sur les requis fonctionnels tout au long des étapes d'implémentation afin d'assurer la prise de décision adéquate lors de la conception, la mise en œuvre et le contrôle du système de production.

2- Choix de capacité et, de l'orientation du système. C'est lors de cette étape de la mise en place que le « type » de système de production est choisi. Basé sur les objectifs de haut niveau du système de production, un type donné de systèmes de production peut être plus adéquat, tel que les systèmes d'ateliers, les cellules liées, ou les flux continus. Comme cela a été discuté, plusieurs facteurs internes et externes interviennent dans la sélection du type du système de production. Cependant, le choix du système a des implications majeures sur la gestion et l'optimisation de la capacité au sein de ce dernier. L'orientation du système (orientation client, processus, produit) est intimement liée à la capacité dans ce dernier. Selon l'orientation, le système sera composé de « morceaux » de capacité produisant un ensemble de produits avec des caractéristiques similaires. Par exemple, une ligne de capacité de production peut être dédiée à un client particulier, un groupe de clients (marché) ou une famille de produits. Les objectifs stratégiques, développés tôt dans la mise en place, guideront ce processus de décision. Les rôles stratégiques du coût, investissement, qualité, flexibilité de long et de court terme, ainsi que la sensibilité du système, affecteront la planification de capacité.

À savoir

Il est toutefois essentiel de noter à ce stade qu'une production cellulaire permet des augmentations de capacité avec des petits incréments alors que des lignes de production de masse n'autorisent que des changements de capacité avec de grands incréments. Les systèmes cellulaires, flexibles en termes de capacité, permettent d'éliminer les risques de demande non servie et de réduire les coûts de fonctionnement. Les cellules qui ont séparé l'opérateur de la machine peuvent fonctionner sur un plus large spectre de volumes de production que les lignes dédiées qui nécessitent un nombre fixe d'opérateurs, sans souci du niveau de la demande et donc du rythme de production.

La figure 8.2 montre deux différentes utilisations de capacité. Dans cet exemple de système de production, l'objectif est de répondre le plus exactement possible au volume de la demande du client sans gaspillage de ressources. Ainsi, des augmentations de capacité sont nécessaires pour répondre à la demande croissante du client. L'exemple montré dans la partie supérieure de la figure représente un système de production de masse. Comme l'augmentation de la capacité ne peut se faire que par de grands incréments, il est tout à fait possible d'avoir recours à une ligne entière pour répondre à l'augmentation de la demande. Dans la partie inférieure de la figure, le système cellulaire est plus flexible parce que la capacité peut être ajoutée ou supprimée par petits incréments. Les cellules, séparant l'homme de la machine, permettent la flexibilité de la capacité. Quand le cycle unitaire de la demande client change, il est possible de changer rapidement le volume de production dans les cellules et par de petits incréments en ré-équilibrant les boucles de travail des opérateurs dans ces dernières. Outre la taille des incréments de capacité dans le système, d'autres facteurs sont aussi déterminants dans la définition de l'orientation et la capacité du système. Par exemple, à ce niveau de l'implémentation, doivent être considérés le coût des incréments de capacité, le temps nécessaire pour l'implémentation des changements de capacité ; la question de savoir si les changements de capacité précéderont ou suivront les changements dans la demande de capacité doit aussi être posée.

Planification de la capacité

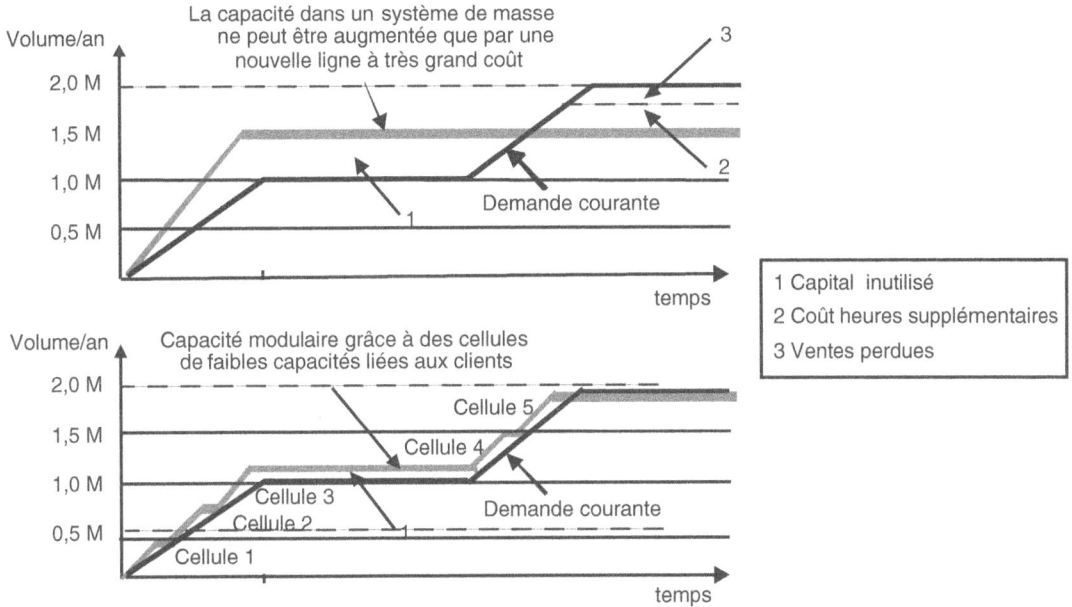

Figure 8.2 : Planification de la capacité pour deux types de systèmes de production

3 - Identification des clients externes. Une fois que les décisions d'orientation et de capacité sont prises lors de la deuxième étape, les clients du système peuvent être définis et des groupes de clients peuvent être formés. Les clients externes sont les utilisateurs du produit à la fin de la chaîne de valeur, et, selon les limites définies du système, les clients externes peuvent être des utilisateurs, distributeurs ou des constructeurs en aval. Lors de cette étape, les attributs importants du client doivent être identifiés, et notamment : caractéristiques de qualité et de délais attendues, prix escomptés et variation de la demande.

4 - Détermination du temps de cycle de la demande client. Une fois que les éléments de capacité et d'orientation du système sont définis, des groupes de clients externes sont formés et les informations pertinentes

au sujet des clients sont rassemblées ; le temps de cycle de la demande client de chaque chaîne de valeur dans le système pourra alors être calculé. Le cycle de la demande client, analogue au battement de cœur du système, est l'unité de temps dans laquelle une unité du produit final doit être produite par le système pour satisfaire la demande du client. Si, en moyenne, le système de production ne produit pas à ce cycle, alors la demande du client ne sera pas satisfaite. Pour calculer le temps de cycle unitaire de la demande client d'un système de production, la valeur du temps de production effectivement disponible pendant un intervalle de temps donné (une semaine par exemple) est divisée par la demande moyenne du client pendant ce même intervalle de temps. Par exemple, si une entreprise opère en deux équipes de 8 heures, 5 jours par semaine, avec 1 heure de repos par équipe, le temps total disponible pour la production est de 70 heures/semaine. Si l'efficacité du fonctionnement de cette entreprise est de 85 % (en tenant compte des imprévus tels que les interruptions de production, les facteurs sociaux, etc.) alors le temps de production effectivement disponible est de 59,5 heures/semaine. Durant une semaine donnée, le (ou les) client(s) peut (peuvent) demander un nombre différent d'unités sans préavis. La moyenne de la demande client est utilisée pour calculer le cycle de la demande client. Si le client commande en moyenne 3570 unités/semaine, alors le cycle de la demande client est égal à (59,5 heures/semaine) (3600 seconde/heure)/(3570 unités/semaine) = 60 secondes/unité. Si la demande moyenne du client est difficile à déterminer suite à de grandes variations dans le volume de la demande, alors le système doit être conçu pour accommoder la flexibilité en volume, en utilisant un cycle de la demande client minimal. Si la demande est inférieure à la situation extrême du cycle minimal de la demande, il sera possible d'utiliser moins d'opérateurs dans le système de production (voir figure 8.3). Pour les systèmes avec main-d'œuvre manuelle, des cycles de moins de 30 secondes doivent être évités. Des cycles ultra-courts réduisent les boucles de travail et lient les opérateurs aux machines. La flexibilité de la main-d'œuvre est difficile à obtenir dans des systèmes qui ont des cycles courts.

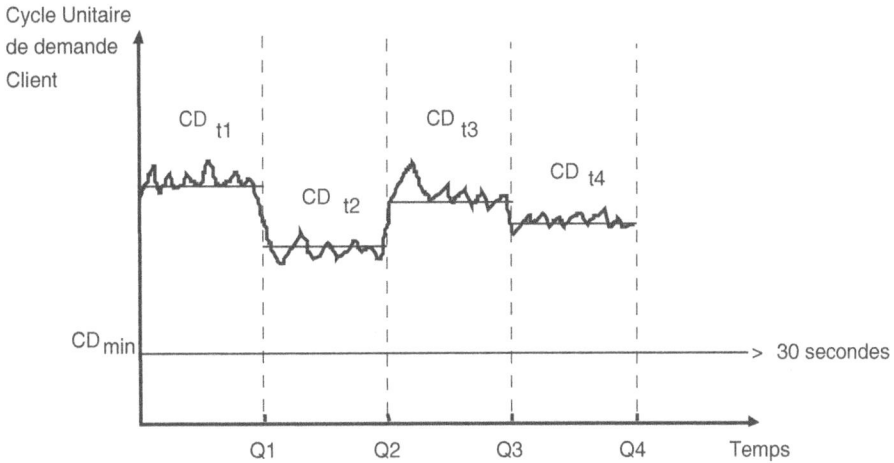

Figure 8.3 : Lissage de la demande pour définir le cycle de la demande client

5 - Définition des flux dans les cellules liées. À ce point de l'implémentation, toutes les informations nécessaires pour la conception des flux physiques et des flux d'information dans la chaîne de valeur ont été réunies. En utilisant la définition de la capacité et du cycle de la demande client, les flux physiques et les flux d'information entre les éléments du système pourront être conçus. Pour chaque élément et chaque lien dans la chaîne de valeur, un ensemble de procédures standard doit être développé lors de cette étape afin de contrôler le flux des matériaux et de l'information à travers le système.

6 - Formation des cellules en se basant sur le temps de cycle de la demande client. Les cinq premières étapes du plan de la mise en place définissent le système à ses niveaux supérieurs. Les autres étapes de ce plan sont consacrées essentiellement à la mise en place détaillée des sous-systèmes (éléments : stocks intermédiaires, cellules, matériel, tâches de la main-d'œuvre, flux de matière et d'information). Intégrer physiquement tous ces éléments sur le terrain des usines constitue le début de la mise en place d'une production sans gaspillage. La mise en place commence par les cellules opérant au cycle de la demande client.

7 - Réduction des temps de changement d'outils. Une fois que les éléments intégrés au système de production (les cellules, les méthodes de travail et les flux d'information et de matériel) sont implémentés sur le terrain

de l'usine, les améliorations continues qui prendront placent plus tard dans la vie du système consistent en des améliorations des sous-systèmes de niveaux inférieurs et non du système global (*tuning*). Ce dernier a en effet été déjà optimisé par les étapes précédentes. Une partie critique de l'optimisation des sous-systèmes est le temps réduit des changements d'outils. Les changements rapides d'outils permettront au système d'être plus sensible aux variations de la demande des clients.

8 - Nivellement et calage du rythme de la production sur celui du processus client. Cette étape de la mise en place s'intéresse au flux d'information à travers le système. La production ne doit avoir lieu qu'à l'émission du signal l'autorisant. Par conséquent, la production est contrôlée en nivelant et réglant le rythme d'émission d'informations au système. Il y a plusieurs avantages à communiquer les informations au système par petites tranches. La plus petite quantité d'information de production qui puisse être délivrée au système est le pitch. Ce dernier est égal au cycle de la demande client multiplié par la taille du conteneur. La taille du conteneur est le nombre d'unités du produit qui sont transportées en une seule fois. Dans un système qui a un cycle de la demande client de 60 secondes et une taille de container de 5, la plus grande flexibilité dans le contrôle de la production qui puisse être accomplie est de 300 secondes. Dans cette fenêtre de temps, le système est supposé produire la quantité souhaitée et ne reçoit pas de nouvelles informations jusqu'au prochain pitch. Si l'information est émise au système par petites tranches, le contrôle de la production a plus de flexibilité dans l'accommodation de la variation de la demande. Aussi, si l'information est délivrée en petites tranches, l'acte de délivrance de l'information peut servir aussi comme un vérificateur du statut de la production courante. Si l'information est délivrée à chaque pitch, mais que les unités de produits attendues pour être livrées ne sont pas disponibles, alors le système est en retard et fait face à des perturbations qui doivent être résolues le plus rapidement possible. Pendant chaque intervalle de la demande, le client demandera un mélange de variétés. Par exemple, un client peut demander une quantité de 400 unités du type A, 400 du type B et 200 du type C. En supposant le même cycle de production pour ces 3 types de variétés, alors le cycle de la demande client est calculé en se basant sur une demande du client de 1000 unités. La production est nivelée si le système produit le mélange adéquat de trois variétés à chaque intervalle de la demande du client. Si la production n'est pas nivelée, alors plus de stocks sont nécessaires pour répondre à la demande du client et le temps de réponse est inutilement allongé.

9 - Démarrage du système à cellules liées avec de grands stocks intermédiaires. Lors des premières étapes de la mise en place, quand les efforts sont dirigés vers les éléments de bas niveaux du système (matériel, opérations, cellules), le système doit être stabilisé avec de hauts niveaux de stocks pour compenser une quelconque variation inattendue. Pendant l'implémentation, les stocks peuvent être utilisés pour évaluer et identifier les améliorations dans le système. Quand les éléments du système deviennent plus fiables et les délais plus courts, les stocks peuvent être réduits.

10 - Amélioration de la prévisibilité et réduction des stocks intermédiaires. La réduction des stocks et l'amélioration de la prévisibilité dans les éléments du système sont des éléments intimement liés. Les améliorations dans le fonctionnement des éléments isolés du système se traduisent par des améliorations sur l'ensemble du système ; il en résulte la réduction des stocks intermédiaires et l'établissement du flux continu, et donc de meilleurs délais à travers le flux matériel. Dans le système de production de Toyota, une analogie est faite avec « la réduction du niveau de l'eau pour permettre l'exposition des rochers ». Comme les niveaux de stocks sont réduits (baisse du niveau d'eau), les éléments du système doivent répondre avec une fiabilité accrue (exposer les rochers). Les niveaux de stocks peuvent être utilisés comme un moyen de pression pour l'amélioration du système. Cependant, il y a un risque inhérent à la suppression des stocks intermédiaires sans amélioration de la robustesse du système. Sans approche d'amélioration structurée, l'élimination des stocks intermédiaires résultera en des livraisons manquées dues aux variations et imprévisibilités inhérentes.

11 - Rattachement des fournisseurs. Une fois que le système de production parvient à un niveau acceptable de prévisibilité, les fournisseurs pourront être rattachés au système de production par des liens physiques et des liens d'information. Le fait de recevoir des matériaux de haute qualité au bon moment des fournisseurs occasionnera des améliorations en aval.

12 - Intégration du développement produit. Le système de production doit être un élément critique dans les efforts de développement et de conception de nouveaux produits. L'objectif est de réduire le gaspillage dans l'ensemble de la vie du produit et non seulement lors de sa production.

Les douze étapes précédentes résument l'implémentation d'un système de production sans gaspillage. Ces étapes ont vocation à rester générales afin qu'elles puissent être appliquées au cas les plus généraux. Néanmoins, ces étapes peuvent être personnalisées pour certains systèmes de production.

Pour résumer

Ce chapitre a permis de présenter un plan d'implémentation du « sans gaspillage » en douze étapes qui sont structurées d'une manière scientifique. Les points forts en sont l'analyse du rôle de chaque partie prenante du système de production (avec identification de ses clients), la stabilisation et l'amélioration de la robustesse de ce dernier, et enfin la mise en œuvre d'améliorations graduelles et continues menant à des performances supérieures. Outre le fait que ce plan permet l'application des solutions exposées dans les chapitres précédents et la réalisation des objectifs associés, il présente l'avantage de rester simple et applicable à de multiples industries

---

Conclusions

« Passer à une production au plus juste nécessite un long voyage. La destination finale sera atteinte lorsque les philosophies sous-jacentes à la production au plus juste pour développer nos propres systèmes seront appliquées. Il n'y a aucune excuse à ne pas essayer. Il n'y a pas d'experts, juste des personnes avec plus d'expérience. Plus on attend, plus nos compétiteurs auront d'expérience lorsque l'on commencera. »

John Y. Shook, directeur de Japan Technology Management Program,
Université du Michigan

1. Devant un changement inéluctable

Nous vivons une période de changement rapide. Les changements qui sont en train de s'opérer tant chez les clients que chez les fournisseurs impliquent des changements radicaux dans nos systèmes de production. Il n'est plus possible aujourd'hui de produire un seul modèle et d'en vendre toutes les unités produites comme l'a fait Henri Ford il y a un siècle. Au contraire, les clients exigent des normes de qualité, de variété, de temps de livraison et de prix auxquelles les producteurs doivent obéir ; les modèles de production de masse ou de production plus rapide, d'utilisations maximale des machines et minimale du personnel ne sont plus adéquats. Il est temps de penser à de nouveaux modèles, qui répondent aux nouvelles exigences des clients, et c'est précisément ce que nous avons essayé de faire dans cet ouvrage. La capacité à s'adapter aux nouveaux modèles et à répondre aux nouveaux impératifs des clients sera un facteur critique de succès. Certains seront plus aptes à s'adapter au nouvel environnement, les autres ne pourront hélas pas être à la hauteur du défi et seront relégués dans les segments les moins profitables des marchés. C'est à ce niveau que la différence se fera entre les leaders et les suiveurs.

2. ... Prôner avant tout un changement de mentalité...

La pression pour réaliser des objectifs en termes de coûts unitaires en réduisant la main-d'œuvre ou en augmentant le volume de production ne se fait qu'au sacrifice des résultats non financiers tels que la sécurité, la qualité, les délais de livraison, ou encore les capacités à identifier et résoudre les problèmes. Lorsque ces objectifs non financiers ne sont pas atteints, les dirigeants prennent des mesures immédiates : recrutement de consultants et création de départements pour la qualité, l'amélioration continue et l'optimisation des opérations. Ces mesures augmentent les dépenses et renforcent l'idée que des arbitrages et des choix sont nécessaires entre la performance financière et la performance non financière.

Que faut-il faire si les étapes directes ne donnent pas les résultats souhaités ? Notre idée est qu'il convient avant tout de comprendre le système en termes de relations organiques entre ces composantes, lesquelles ne sont pas toujours explicites. Il faut ensuite concevoir des mesures (quantitatives ou non) qui permettent d'arriver aux objectifs que l'on s'est fixés. En réalité, l'incompréhension de ces relations inter-fonctions est à l'origine de l'échec des étapes immédiates : alors que nos actions améliorent certains objectifs, elles en détériorent d'autres. Cependant, quand on parvient à comprendre les relations inter-fonctions, il n'est plus nécessaire de pousser l'entreprise au moyen d'indicateurs de performance quantitative qui ne refléteraient qu'une compréhension naïve et réductrice de l'entreprise. Au contraire en « travaillant le travail », les indicateurs de performance suivent.

Les dirigeants ne sont pas à blâmer ; le problème est avant tout un problème de mesure et de comptabilité. Lorsqu'on entend des dirigeants se demander s'ils vont survivre jusqu'à la fin du trimestre, on comprend facilement qu'ils recourent à des étapes directes.

3. ... Apporter des solutions à des problèmes et non à leurs symptômes

> « Les chiffres ne sont que le résultat final, vous changez une organisation en changeant le comportement de ses membres. »*

Dick Brown, président-directeur général d'EDS

L'expérience montre que les entreprises sont lancées dans une course aux résultats et croient surtout en l'efficacité des « étapes directes » (réduction du personnel, automatisation des opérations) pour aboutir à des résultats financiers immédiats. Les dirigeants d'entreprise pensent que les systèmes de production sont des ensembles formés d'éléments sans interaction ; comme nous l'avons montré dans cet ouvrage, les liens entre les différents éléments d'un système sont bien plus complexes, rendant ainsi les systèmes beaucoup plus difficiles à contrôler et à maîtriser. Un système de production fonctionne en réalité comme un système naturel très intégré que les étapes directes ne font que stimuler de façon ponctuelle, créant ainsi des hausses temporaires dans les résultats. Mais la réalité rattrape rapidement le système qui revient à son état initial ; confrontés à cette situation, les dirigeants appliquent un autre stimulant. Le système deviendra peu à peu dépendant des stimulations successives qui ne feront que l'affaiblir et le détruire sur le long terme.

En gérant les systèmes par les moyens plutôt que par les objectifs, par les différentes relations organiques qu'entretiennent ses composantes plutôt que par

---

* En anglais : « Numbers are the end result. You change a business by changing the behavior of its people. »

les seules quantités financières, il serait possible de produire des systèmes plus équilibrés qui atteignent leurs objectifs.

Enfin, la bonne compréhension des relations entre les composantes d'un système tel que celui d'une entreprise rend obsolètes certaines problématiques de stratégie de la gestion encore ancrées dans la pensée moderne. S'il n'y a aucun arbitrage entre la qualité et le coût, entre la qualité et le service, entre la variété et les délais – en d'autres termes, si tous ces objectifs peuvent être atteints simultanément –, de quelle stratégie parle-t-on ?

4. Le mot de la fin

En réalisant cet ouvrage, nous ne prétendons nullement être au-dessus des autres, et notamment de ceux qui ont des années de conception et de gestion des systèmes de production à leur actif et qui n'ont plus à montrer leurs talents de concepteurs. Notre expérience et nos travaux nous ont néanmoins permis d'identifier et de construire des solutions que nous avons trouvées utiles de partager. Cependant, cet ouvrage ne représente pas la seule « alternative » aux approches classiques de gestion de la production. D'autres ouvrages vont dans ce sens et d'autres suivront certainement, encourageant ainsi l'innovation dans un secteur en pleine mutation.

Le jour où un dirigeant, un ingénieur ou un opérateur se posera la question, à propos d'un processus quelconque, « Peut-on le faire différemment ? », cet ouvrage aura atteint son objectif d'initiateur de changements et d'innovations, car la plupart des révolutions sont nées de questions aussi simples.

Un dernier conseil : une fois les idées bien au clair, que ce soit en suivant l'approche décrite dans cet ouvrage ou d'autres approches encore plus innovantes, alors, ingénieurs, dirigeants, exprimez vos idées ; votre plus grande arme sera le bon sens. C'est en défiant l'inertie et la résistance au changement que les plus grandes innovations voient le jour. Et une fois que vous serez suivis, allez de l'avant, changez vos usines et ne regardez plus en arrière, car vos concurrents seront là et n'auront certainement pas de pitié pour vous.

Bibliographie

Horace ARNOLD, Fay FAUROTE, *Ford Methods and the Ford Shops*, The Engineering Magazine Company, 1915.

J. T. BLACK, *The Design of the Factory with a Future*, McGraw-Hill, 1991.

William L. DUNCAN, *Total Quality: Key Terms and Concepts*, AMACOM, 1995.

Jay FORRESTER, *Industrial Dynamics*, Productivity Press, 1961.

Edward HAY, *The Just-In-Time Breakthrough – Implementing The New Manufacturing Basics*, John Wiley & Sons, 1988.

Hiroyuki HIRANO, *JIT Factory Revolution – A Pictoral Guide To Factory Design Of The Future*, The Productivity Press, 1987.

Wallace J. HOPP, Mark L. SPEARMAN, *Factory Physics, Foundations of Manufacturing Management*, McGraw-Hill, 1996.

Masaaki IMAI, *Kaizen: The Key to Japan's Competitive Success*, McGraw-Hill, 1986.

Brian JOINER, *Fourth Generation Management*, McGraw-Hill, 1994.

Joseph M. JURAN, *Made in USA : A Renaissance in Quality*, HBR, 1993.

Steve KRAR, *Editor in Chief, Illustrated Dictionary of Metalworking and Manufacturing Technology*, McGraw-Hill, 1999.

Thomas KUHN, *The Structure of Scientific Revolutions*, University of Chicago Press, 1996.

Jay LEE, *Manufacturing Science and Engineering*, International Mechanical Engineering Congress, 1998.

Jeffrey LIKER, *Becoming Lean : Inside Stories of U.S. Manufacturers*, Productivity press, 1997.

D. MARCA et C. McGOWAN, *SADT Structured Analysis and Design Technique*, McGraw-Hill, 1987

Yasuhiro MONDEN, *Toyota Management System: Linking the Seven Key Functional Areas*, Productivity Press, 1993.

Joseph MONTGOMERY, Lawrence LEVINE, Lawrence LEVING, *The Transition to Agile Manufacturing: Staying Flexible for Competitive Advantage*, American Society for Quality, janvier 1996.

Taiichi OHNO, Setsuo MITO, *Just-In-Time for Today and Tomorrow*, Productivity Press, 1988.

Mario PEREZ-WILSON, *Six Sigma : Understanding the Concepts*, Implications and Challenges 1999.

Mike ROTHER, John SHOOK, *Learning to See: value stream mapping to add value and eliminate muda*, The Lean Enterprise Institute, 1999a.

Richard SCHONBERGER, *Japanese Manufacturing Techniques : Nine Hidden Lessons in Simplicity*, Free Press, 1983.

Shigeo SHINGO, *A Study of the Toyota Production System from an Industrial Engineering Viewpoint*, Productivity Press, 1989.

Adam SMITH, *La Richesse des nations*, 1776.

Charles SORENSEN, Samuel WILLIAMSON, *My Forty Years with Ford*, Norton, 1956.

Nam SUH, *Axiomatic Design : Advances and Applications*, Oxford University Press, 2001.

James WOMACK, Daniel ROOS, Daniel JONES, *The Machine That Changed the World*, Rawson Associates, 1990.

© Éditions d'Organisation

www.ingramcontent.com/pod-product-compliance
Lightning Source LLC
Chambersburg PA
CBHW061818210326
41599CB00034B/7033